Sellerie

Roland Tauber

Mit Illustrationen von
Linda Wolfsgruber

mandelbaums *kleine gourmandisen*
N° 16

www.mandelbaum.at
ISBN 978-3-85476-540-0

1. Auflage 2017
Lektorat: Margot Fischer
Satz und Umschlaggestaltung: Michael Baiculescu
Illustrationen: Linda Wolfsgruber
Druck: Donau Forum Druck, Wien

DANN SCHREIB DU DAS BUCH DOCH

Der Sellerie hat in der öffentlichen Wahrnehmung und Wertschätzung einen schweren Stand. Ob im persönlichen sozialen Netzwerk, wo auf die Ankündigung, man schreibe nun ein Buch über den Sellerie, zumeist ein fragendes „Aha?“ und ein ungefragtes „Was soll das?“ als Antwort kam; oder in der medialen Gemüseaufbereitung der Buchverlage, die sonst von der Artischocke bis zur Zucchini allen erdenklichen Gemüsesorten Einzelauftritte in Buchform verschaffen. Auch wenn prä-, post- oder pur modern „alte Gemüsesorten wiederentdeckt“ werden, steht der Sellerie meist am Rande oder gar nicht erst zur Debatte, denn er war ja nie verschwunden. Im besten Fall erhält der Sellerie eine Nebenrolle in einer Gesamtübersicht über „Wurzelgemüse“ oder ein dunkles Eckchen in einem dicken Gemüsekochbuch.

Selbst dem von mir sehr geschätzten Vincent Klink, der nicht nur Lebensmitteln, sondern auch Worten mit der nötigen Ehrerbietung Respekt erweist, fällt in seinem Buch „VOLL ins Gemüse mit Vincent Klink“ zum Kapitel Sellerie ungewohnt wenig Berichtenswertes ein. Liegt es an den nur kurz und knapp erwähnten, wenig erbaulichen Kindheitserinnerungen in Sachen Sellerie?

Natürlich weiß die gute Restaurantküche inklusive Vincent Klink ebenso wie die Großmüttergeneration um die Wichtigkeit des Selleries als Würzmittel etwa für die Bereitung der klassischen Fonds (Gemüse, Rind, Fisch, Huhn, etc.), aber in welchem Privathaushalt wird heutzutage noch zeitaufwändig ein Fond hergestellt, der dann überhaupt erst die Grundlage bildet, um sich ein Essen zu kochen. Da gibt es doch allerlei Fertigfonds und Anrührpasten. Ob in denen allerdings nun echte Zutaten oder künstlich hergestellte „natürliche“ Aromen verarbeitet wurden, interessiert die wenigsten.

In den letzten 50 Jahren sind nach meiner Recherche nur zwei (Koch-)Bücher erschienen, die sich laut Titel hauptsächlich mit dem Sellerie befassen, und eines muss der Sellerie sich auch noch mit der Petersilie teilen (mit der er allerdings verwandt ist). Sogar im Buchmessengespräch mit dem Verleger, als dieser von seiner neuen Kochbuchreihe erzählte, und ich einwarf: „Vergesst mir den Sellerie nicht!“, kam als Antwort lediglich ein schwer zu deutendes „Dann schreib Du das Buch doch.“ (Wurde aber offensichtlich richtig gedeutet, *der Verleger*) Das habe ich dann sehr gerne getan.

Selbstverständlich habe ich das Dasein des Sellerie hier vorab zur Pointierung in etwas zu düsteren Farben gezeichnet, denn es gibt sie vereinzelt, die glühenden VerehrerInnen des Sellerie, die bei dem Thema gleich Feuer und Flamme sind und Zubereitungsarten in einer bunten Fülle deklinieren, ach was: poetisieren, das einem das Herz übergeht.

Und noch eins: Zu diesen glühenden VerehrerInnen gehöre ich nicht, aber ich habe den Geschmack und die Bedeutung des Sellerie erlernt. Und außerdem halte ich in den meisten Bereichen des Lebens eher zu den Außenseitern. So beobachte und recherchiere ich seit einiger Zeit den Sellerie genauer und möchte nun von seinen Vorzügen berichten.

Aber fangen wir von vorne an:

Sellerie kannte ich lange nur als Teil des obligatorischen Suppengemüses (mit Möhren, Lauch und Petersilie). Daraus machte meine Mutter an Sonn- oder Feiertagen in Verbindung mit einem Suppenhuhn eine klare Vorsuppe mit Gemüsewürfelchen. Da ich als Kind nur schwerlich zum Gemüseessen zu motivieren war, klaubte ich selbst diese kleinen Gemüsewürfelchen aus meinem Suppenteller, um sie wieder in den Topf zu werfen. Im Suppenteller waren die knallorangenen Möhrenwürfelchen schnell zu erkennen und somit zu entfernen. Die fast schon durchsichtigen Selleriewürfelchen waren aber schwerer zu entdecken, und manchmal übersah ich ein besonders kleines sogar. Welch kindlicher Graus, wenn ich es erst auf halbem Weg durch den Mundraum bemerkte. Ausspucken ging nun wirklich nicht mehr, das hatte ich die ersten Monate meines Lebens zur Genüge veranstaltet, diese Phase war vorbei.

Kindheit und Jugend gingen dann weitgehend selleriefrei vorbei, denn meine Mutter war – abgesehen von der Zubereitung der Hühnersuppe – keine Liebhaberin des Selleries und ich kam mit ihm nicht weiter in Berührung.

Erst im Studium und mit den eigenen vier Wänden bekam ich von kochfreudigen Freundinnen und Freunden erste Eindrücke, wie der Sellerie in der Küche verwendet werden und wie gut er schmecken kann. Dem ersten Sellerieschnitzel näherte ich mich noch sehr zaghaft, war aber nach zwei, drei Probierbissen direkt davon eingenommen. Das lag sicherlich auch daran, dass der erdige, leicht bittere, aber sehr würzige Geschmack der Knollensellerie auch etwas an Fleischaroma erinnert. Nicht umsonst war das Sellerieschnitzel in unserem Kulturraum weit eher als eine Art Fleischersatz im Gebrauch als der Tofu. Und die geschmackliche Nähe zum Liebstöckel, gemeinhin auch Maggi-Kraut genannt, ist ebenfalls deutlich.

Mit dem Stangensellerie ging es dann noch viel überwindungsfreier, ob als Rohkost mit diversen Dips oder Zutat in einer lange schmurgelnden Bolognese. Der frische, etwas scharfe Geschmack mit leichten Anisnoten veredelt vielerlei verschiedene Gerichte.

Und den Schnittsellerie schließlich kann man gut als Ersatz für Petersilie verwenden.

Der Anfang war also gemacht.

HERKUNFT UND SORTEN

Die heute als Echter Sellerie, *Apium graveolens*, bekannten und in der Küche gebräuchlichen Sorten sind der Knollensellerie, *Apium graveolens var. rapaceum,* und der Stangensellerie (auch Stauden- oder Bleichsellerie), *Apium graveolens var. dulce,* sowie – etwas seltener im Gebrauch – der Schnittsellerie (auch chinesischer Sellerie), *Apium graveolens var. secalinum.* Es handelt sich dabei um recht junge Zuchtformen des schon mehr als 2000 Jahre bekannten Wilden Selleries, der schon zu Plinius Zeiten im 1. Jahrhundert kultiviert wurde. Über Italien gelangte er nach Deutschland. Dort ist der Echte Sellerie seit dem frühen Mittelalter bekannt. Im *capitulare de villis*, der Landgüterverordnung Karls des Großen, ist der Anbau von Sellerie sogar vorgeschrieben. In den Jahrhunderten davor hatte er bereits eine lange Karriere als Heilpflanze gemacht.

Griechische und römische Ärzte sowie Naturforscher des Altertums hoben neben anderem durchgängig die harntreibende Wirkung des Sellerie hervor, Zeugnisse finden sich u. a. bei Hippokrates, Theophrast, Scribonius Largus, Plinius dem Älteren, Dioskurides und Galenos von Pergamon (Galen). Von diesen frühen Berühmtheiten der Heilmittellehre wurden noch weit mehr Wirkungen des Sellerie erkannt. So erwähnte z. B. Dioskurides zudem die heilende Wirkung bei Augen- und Magenentzündungen, Verhärtungen in der Brust, Blähungen, Diarrhö und Tierbissen. Plinius der Ältere entdeckte u. a.

zusätzlich positive Wirkungen auf den Schlaf, für einen guten Atem und einen klaren Kopf.

In Zeugnissen der hiesigen Klöster ab dem frühen Mittelalter setzt sich die positive Beurteilung des Selleries teilweise fort. Der Reichenauer Mönch Walahfrid Strabo schreibt in seinem frühen botanischen Werk *De cultura hortorum* (um 840 n. Chr.):

„Zwar ist in unseren Gärten die Sellerie billig geworden, / Und es meinten wohl viele, sie tauge höchstens zur Speise. / Dennoch bietet aus eigener Kraft sie zahlreiche Mittel / Wirksamer Hilfe. Denn wenn ihre Samen zerrieben du einnimmst, / Soll, wie man sagt, dies die quälenden Leiden der Blase beheben. / Ißt man jedoch sie selbst mit dem zarten Trieb, so verdaut sie / Reste von Speisen, die noch im Innern des Magens rumoren. / Wenn den Tyrannen des Körpers würgender Brechreiz belästigt, / Trinke man Sellerie gleich mit herbem Essig und Wasser, / Dann wird, vom sicheren Mittel besiegt, die Übelkeit weichen."

Dagegen urteilt die heutzutage wieder überaus populäre Hildegard von Bingen im 12. Jahrhundert in ihrer *Physica* eher ambivalent über den Sellerie, vom rohen Verzehr rät sie dem Menschen ab, „weil er so üble Säfte in ihm bereitet", gekocht empfiehlt sie ihn jedoch, da er ihm „gesunde Säfte verschafft". Dennoch habe der Sellerie auch gekocht manchmal negative Wirkung, da er „den Menschen in unsteten Sinn" versetzen kann und „ihn bisweilen traurig in der Unbeständigkeit macht". Der italienische Naturwissenschaftler Petrus de Crescentiis (etwa 1233–1320) hingegen soll den „Sellerie des Lachens" ob seiner positiven Wirkung auf melancholische Menschen gerühmt haben.

Im Spätmittelalter und der beginnenden Neuzeit häufen sich mit dem Buchdruck die überlieferten Beurteilungen des Selleries. Einige Beispiele seien genannt:

Paracelsus empfiehlt ihn gegen „Blähungen, Harngrieß und stinkende Schweiße", Matthiolus in seinem *New-Kreuterbuch* von 1626 gegen „innerliche Verstopfung, Gelbsucht und Blähungen", und Albrecht von Haller in seinem *Medicin. Lexicon* von 1755 beschreibt die Selleriewurzel als „eröffnend, harntreibend und aphrodisierend". Eine von anderen Autoren übersehene Wirkung offeriert Leonhart Fuchs in seinem *New Kreuterbuch* von 1534: „So die fische in den weyhern und gräben krank seind, werden sie mit Eppich wiederumb erquickt".

Das Wort Sellerie ist ab dem 17. Jahrhundert bezeugt, entlehnt aus französisch *céleri*, das auf lombardisch *séleri* (pluralische Bildung zur oberitalienischen Variante *sellero*, neben italienisch *sedano*) beruht. Zugrunde liegt lateinisch *selīnon* und griechisch *sélīnon* (σέλινον). In früheren Zeiten benutzte man im germanischen Sprachraum das Synonym Eppich, wovon wiederum Petersilie ein Synonym im Neuhochdeutschen war. Daran erkennt man auch schon die Verwandtschaft von Petersilie und Sellerie, die beide zu den Doldenblütlern gehören. Das im österreichischen Volksmund gebräuchliche Zeller stammt vom illyrischen Zellerie und dies wiederum vom germanischen Sellerie.

Neben dem Echten Sellerie gibt es noch etwa 30 weitere Arten der Gattung Sellerie, *Apium*, in der Familie der Doldenblütler, die für den Gebrauch in der Küche aber keine Rolle spielen und daher hier nicht weiter behandelt werden.

Wilder Sellerie (auch Sumpfsellerie), *Apium graveolens var. graveolens*, liebt salzhaltige Böden im Küstenbereich, wächst aber auch in den Uferabschnitten von gezeitenbeeinflussten salzhaltigen Gewässern, die weit ins Binnenland hineinreichen, etwa den Flüssen Elbe oder Ems in Norddeutschland. Durch wasserregulierende und -lenkende Maßnahmen wie dem Deichbau oder das Anlegen von künstlichen schmalen Kanälen (Siele, Polder, etc.) ist das Vorkommen des Wilden Sellerie an der Nordseeküste allerdings seit dem frühen 20. Jahrhundert stark zurückgegangen.

In früheren Zeiten kam der Wilde Sellerie praktisch in allen europäischen Küstengebieten vor, darüber hinaus in Vorderasien und Nordafrika. Frühe Zeugnisse findet man in den Hochkulturen des Mittelmeerraums, im Alten Ägypten, im antiken Griechenland und im Römischen Reich. Es gibt sogar archäologische Nachweise in einer ehemaligen Wikingersiedlung in Nordeuropa.

Im Alten Ägypten war Sellerie als Wegzehrung für die Toten eine übliche Beigabe bei der Bestattung. Im antiken Griechenland schmückte man die Sieger der Isthmischen und Nemeischen Spiele mit Selleriekränzen statt mit Lorbeer (Olympische Spiele). Die besondere Bedeutung des Sellerie in der griechischen Antike zeigt sich deutlich in der Benennung mehrerer Städte, Dörfer und Flüsse nach dem Sellerie. Die größte und bekannteste war die griechische Stadt Selinunt mit dem anbei liegenden Fluss Selinus auf Sizilien. Sie wurden wegen der dortigen großen Sellerievorkommen so genannt. Ein Sellerieblatt zierte sogar Wappen und Münze dieser später zerstörten Metropole. Früh schon findet sich der Sellerie auch in Zusammenhängen mit Liebe und Lust wieder, Theokrit etwa verwendete den Begriff *polygnampton selinon* doppeldeutig für das weibliche Schamhaar. Und schon seit Homer gilt Sellerie als ein Aphrodisiakum: zumindest, wenn man Überlieferungen glaubt, wonach die Nymphe Kalypso für ihren Zaubertrank, der die Männer liebestoll machte, auch Sellerie verwendete. Odysseus hielt sie sieben lange Jahre als ihren Geliebten und hatte mit ihm mehrere Kinder. Ein ähnlicher Liebestrank taucht im Mittelalter in den verschiedenen Erzählungen des Stoffes von Tristan und Isolde auf. Die Zusammensetzung des Tranks, der „versehentlich“ – weil nicht für diese beiden bestimmt – die feurige Liebe zwischen Tristan und Isolde entzündet, wird nicht explizit genannt, dennoch taucht immer wieder die Behauptung auf, Sellerie sei sein Hauptbestandteil gewesen.

Spätestens bei Strindberg zeigt sich die amouröse Bedeutung des Selleriegeruchs. Augenscheinlich erschnupperte er das im Sellerie enthaltene Androstenol, das Pheromonwirkung aufweist. In seinen Tagebüchern schrieb er zu einer Zeit des Alleinseins: „Wenn ich abends mein Hemd ausziehe, riecht es nach Sellerie. Was bedeutet das? Meine Keuschheit, mein Zölibat?“ Kurz darauf lernt er Harriet Bosse kennen, die seine dritte Frau wird, und plötzlich riecht er stattdessen Rosen und Räucherwerk. Ob Strindberg von dem antiken griechischen Lied wusste, das Andrew Dalby in seinem fundamentalen Werk *Food in the Ancient World from A to Z* zitiert?: „Where are my roses, where are my violets, where is my pretty celery? Here are your roses, here are your violets, here is your pretty celery!“ Und was soll es erst bedeuten, dass ein(e) Elle Oh Hell am 14.2.2015 um 07:51 Uhr twittert: „Roses are red violets are blue celery is green bees are black and yellow please help me I can't stop pumpkins are orange satan is vermillion.“ Bevor ich daraus nun wildeste Verschwörungstheorien netzwerke, begeben wir uns besser auf den Boden der Tatsachen – respektive der Selleriepflanzung – zurück.

Sellerie ist eine ein- oder zweijährige Pflanze. Da sie nicht selbstverträglich ist, sollten Anbaupausen von 4 Jahren eingehalten werden, die auch für verwandte Arten wie die schon erwähnte Petersilie sowie Dill oder Möhren gelten. Ein Mischanbau mit Tomaten, Gurken, Salat oder Kohl ist empfehlenswert. Die Pflanzung im Freien erfolgt nach den letzten Nachtfrösten im Mai, beim Knollensellerie sollte ein Abstand von 40 cm zwischen den Jungpflanzen bestehen, bei Stangensellerie von 30 cm. Stangensellerie kann ab Juni nach Bedarf geerntet werden, spätestens aber, wie dann überhaupt erst der Knollensellerie, Mitte bis Ende Oktober bei trockenem Wetter. Feuchtes Erntegut kann leicht von Pilzen und Bakterien befallen werden. Auch Frost mag der Sellerie bei der Ernte nicht.

Der Bleichsellerie wird – wie der weiße Spargel auch – so angebaut, dass die durch Lichteinfall bedingte Grünfärbung der Stangen nicht zustande kommt. Dafür werden Erdwälle aufgehäuft, die der Bleichsellerie nicht durchbricht. Er hat daher bei der Ernte gelbe statt grüne Blätter und goldgelbe statt grüne Stangen.

Warum der Sellerie so gesund ist – doch nicht für alle

Der überwiegende Teil seiner Inhaltsstoffe macht den Sellerie zu einem sehr empfehlenswerten Gemüse für die regelmäßige Verwendung in der Küche. Knollen- und Stangensellerie bestehen zu etwa 90 % aus Wasser, sind also kalorienarm. Die ätherischen Öle (u. a. Apiol, Limonen, γ-Terpinen, Psoralen, Apiin) wirken antibakteriell und fungizid. Geschätzt werden sie auch wegen ihrer entwässernden Wirkung. In Kombination mit dem sekundären Pflanzeninhaltsstoff Phthalid, der durch die Entspannung der Arterienmuskulatur eine Erweiterung der Blutgefäße hervorruft, wird so auf natürliche Weise der Blutdruck gesenkt und das Herz-Kreislaufsystem entlastet. Allerdings ist bei Nierenentzündungen der Genuss von Sellerie nicht zu empfehlen, vor allem nicht der besonders gehaltvollen Samen. Extrakte aus den Samen dienen als Hilfsmittel bei der Behandlung von Hautkrankheiten wie Psoriasis und Vitiligo. Auch bei Multipler Sklerose kommt ein Inhaltsstoff der Sellerie zum Einsatz: Psoralen macht nicht vollständig unterbrochene Nervenfasern wieder leitfähig. Sellerie ist zudem reich an Flavonoiden, starke Antioxidantien, die gegen schädliche Umwelteinflüsse schützen und durch ihre entzündungshemmenden Eigenschaften u. a. die Ablagerung von Cholesterin in den Arterien reduzieren. Auf diese Weise helfen sie, Herz-Kreislauferkrankungen und Krebs vorzubeugen.

Dann sind da noch eine Vielzahl an Vitaminen (A, B, C, E, Folsäure) und Mineralstoffen (Kalium, Natrium, Kalzium, Zink, Magnesium, Eisen, Schwefel, Phosphor, Kupfer, Silizium), die heutzutage oft in Tablettenform als Nahrungsergänzungsmittel eingenommen werden. Das kann man sich bei einer ausgewogenen Ernährung sowieso sparen, aber mit dem regelmäßigen Genuss von Sellerie erst recht; z. B. zwischendurch einfach ein Glas Selleriesaft trinken, entweder selbst gepresst oder aus dem Reformhaus. Im normalen Lebensmittelhandel habe ich ihn noch nicht entdeckt.

Dies liegt sicherlich auch an den möglichen Nebenwirkungen von übermäßigem Selleriegenuss, besonders des Samens. Er enthält Glykoside, die Fehlgeburten auslösen können. In hohen Dosen diente er – wie übrigens auch Petersilie – als Abortivum.

Leider ist der Sellerie auch eines der am häufigsten in verarbeiteten Nahrungsmitteln enthaltenen Allergene. Darum lesen wir auf verpackten Lebensmitteln so oft: „Kann (Spuren von) Sellerie enthalten." Ob roh, gekocht, oder auch das Selleriesalz – Allergiker können auf alle Darreichungsformen ansprechen. Die Bandbreite der Reaktionen reicht von leichten Symptomen (Jucken im Mundraum und Rachen) bis zu – wenn auch seltenen – anaphylaktischen Reaktionen, einem Allergieschock. Zudem sind Kreuzallergien bekannt, die Allergiker von Karotten, Kümmel, Petersilie, Fenchel, Paprika und/oder

Anis auch auf Sellerie reagieren lassen. Sogar Pollenallergiker können von einer Kreuzreaktion betroffen sein.

Glücklich all diejenigen, die nicht von einer Sellerieallergie betroffen sind und sich mit den folgenden Rezepten Genuss und Gesundheit verschaffen können.

Vor den Rezepten sei aber noch einmal auf die vielbesungene aphrodisierende Wirkung des Sellerie eingegangen. Zumindest fördert einer seiner Inhaltsstoffe die Durchblutung des Unterleibes. Zudem enthält Sellerie, ob Knolle oder Staude, Androstenol, ein Pheromon, das im Männerschweiß vorhanden ist. Pheromone sind Stoffe, die auch Tiere in geringen Mengen produzieren und deren biologische Aufgabe es ist, das andere Geschlecht anzulocken. Es gibt seit Jahren Tests mit menschlichen Versuchskaninchen, wie diese auf solche chemischen Lockstoffe reagieren. Die menschlichen Reaktionen sind aber noch zu heterogen, als dass sich wissenschaftlich haltbare Ergebnisse formulieren ließen. Skeptiker werfen schon seit längerem ein, dass es lediglich die Form und Beschaffenheit mancher Lebensmittel sei, die deren Bedeutung als Aphrodisiakum entstehen ließ, so etwa die phallische Form von Stangensellerie oder Spargel, oder das vaginal Anmutende einer Muschel oder Auster. Ich möchte diesen Konflikt hier gar nicht lösen. Unbestreitbar ist aber doch wohl, dass ein gelungenes Essen zu zweit durchaus amouröse Folgen haben kann. Vielleicht helfen dabei die folgenden Rezepte.

REZEPTE

Die Rezeptauswahl soll vielseitig sein, aus verschiedenen Ecken der Welt zusammengerührt und möglichst mit dem Sellerie als Hauptdarsteller. Bei Letzterem habe ich gerne mal ein Auge zugedrückt, um der Vielfalt der Rezepte Genüge zu leisten.

GRUNDREZEPTE

Beginnen wir mit einem kleinen Überblick über sogenannte neudeutsch „Basics“, also Zubereitungen, die überwiegend als Bestandteil für andere Rezepte dienen.

Selleriesalz

Ist im Lebensmittelhandel recht teuer, wenn man bedenkt, dass man lediglich zwei Zutaten braucht: (Meer-) Salz und Selleriesamen zu gleichen Teilen. Für ein grobes Selleriesalz mischt man die beiden Komponenten lediglich, für ein feineres Ergebnis kann man Salz und Selleriesamen im Mörser je nach Wunsch nur grob stoßen bis sehr fein stößeln. Nicht ganz so aufwändig ist es, wenn man eine der inzwischen zahlreichen wiederbefüllbaren, und oft mit den absonderlichsten Mischungen gefüllten, Gewürzmühlen aus dem Handel in seinem Regal stehen hat, die man entweder ewig nicht mehr benutzt hat oder die fast leer ist. Gewürzmühle leeren, mit Salz und Selleriesamen füllen und so Selleriesalz frisch gemahlen jederzeit zur Hand haben. Selleriesalz wird neben seinen würzenden Eigenschaften in z. B. Suppen und Salaten auch für salzarme Diäten empfohlen.

Niki Segnit schlägt in ihrem *Geschmacks-Thesaurus* ein Mischungsverhältnis von 1:6 zugunsten der Selleriesamen als Ausgangsmischung vor, die man dann nach Gutdünken verändern kann. Und die Selleriesamen röstet sie vorher an.

Bouquet Garni

Dieses ist in den allermeisten Fällen ein zusammengebundenes, reines Kräutersträußchen (oder alternativ Kräuter in ein Gewürzsäckchen verpackt), mit dem Suppen, Saucen und Schmorgerichte aromatisiert werden. Durch das Zusammenbinden lässt sich das Sträußchen vor dem Servieren leicht wieder entfernen, es hat dann seine Aufgabe erfüllt und wird nicht mitgegessen. Ab und an findet sich in Rezepten auch eine Stange Sellerie oder ein Stück Knollensellerie im Bouquet Garni.

Suppengrün und andere Aromaspender

Kennt jeder, der mehr oder weniger selber kocht und nicht nur Fertiggerichte in den Ofen schiebt. Eine Gemüsezusammenstellung aus Möhre, Knollensellerie, Lauch und Petersilienwurzel (zusätzlich etwas krause Petersilie), die nicht nur einer Gemüsesuppe Aroma gibt, sondern auch beim Braten diverser Fleischstücke durch Anrösten eine würzige Grundlage in den Topf bringt, die Hühnerbrühe g´schmackig macht oder Folienfisch ein aromatisches Nest bietet. Die Petersilienwurzel war in hiesigen Gegenden eine Zeit lang außen vor, Sellerie aber ist unersetzlich: Nicht umsonst hört der Sellerie auch auf den Namen Suppenkraut.

Beim traditionellen österreichischen Rostbraten Esterházy – nach dem österreichischen Fürsten und Feldherrn Nikolaus Esterházy (1714–1790) – dient die oben benannte Zusammenstellung auch als Gemüsebeilage bzw. -garnitur, man nennt sie deshalb auch *Esterházy-Gemüse* oder -Garnitur. Ein Rezept finden Sie an späterer Stelle im Buch.

Ähnliche Gemüsezusammenstellungen zum Anschwitzen oder Anrösten für Saucen, Suppen, Braten, etc. gibt es in den verschiedensten Küchenkulturen. Ich liste hier ein paar Beispiele auf, die Sellerie enthalten:

- In Frankreich nennt man eine ähnliche Zusammenstellung (ohne den Lauch) *mirepoix*, die als Röstgemüse für Fleischgerichte eingesetzt wird.
- Im ehemals französischen Süden der USA gibt es die *Holy Trinity* (Zwiebel, Stangensellerie, grüne Gemüsepaprika), die wiederum breitere Verwendung findet für Suppen, Saucen, Fleischgerichte, etc.
- In Italien findet man das *soffritto* (Zwiebel, Möhre, Sellerie). Es kann aber auch nur aus Zwiebeln bestehen, oder zusätzlich Knoblauch enthalten.
- Der Lektüre des Weinkrimis *Bitterer Chianti* von Paul Grote verdanke ich den Begriff *odore* als Gemüsezusammenstellung aus der Toskana (Zwiebel, Möhre, Sellerie) für die Bereitung verschiedenster Saucen. Das Wort *odore* wird in Italien hauptsächlich als „Geruch“ verwendet, was ja auch nicht so weit von der genannten speziellen Bedeutung entfernt ist. Nach einigem Suchen fand ich dann unter dem Begriff *odori* (Gerüche) auch im Internet ein paar Nachweise auf die Gemüsezusammenstellung. U. a. auch beim Originalrezept der Bologneser Sauce, dass Sie an späterer Stelle im Buch finden.
- Obwohl das spanische *sofrito* ähnlich klingt wie das italienische *soffritto*, bestehen *sofrito* und das *refogado* aus Portugal sowie den entsprechenden spanisch- oder portugiesischsprachigen Ländern Lateinamerikas aus einer Kombination von Zwiebeln,

Knoblauch und Tomaten, meist auch Paprika und Kräutern. Statt der Paprika kann auch anderes Gemüse wie etwa Bohnen verwendet werden. Sellerie wird aber nicht nur im *sofrito* und *refogado*, sondern allgemein in diesen Ländern eher selten verwendet.

Ich habe zumindest eine *spanische Tomatensauce* gefunden, die Stangensellerie enthält: beim Autor Manuel Vázquez Montalbán in dem Kochbuch *Die Leidenschaft des Schnüfflers. Kochen mit Carvalho* (so heißt seine berühmte Detektivfigur). Da sie dort als immer wiederkehrende Grundsauce fungiert, hier die Zutaten.

Spanische Tomatensauce

Entkernte Tomaten • 1 Selleriestange • 1 Knoblauchzehe • 1 Stückchen guindilla (kirschförmige, scharfe Paprikaart) • Salz • Olivenöl • ½ TL Zucker

Da eine Zubereitungsanleitung dort fehlt, aber nicht schwer zu rekonstruieren ist, hier eine mögliche Vorgehensweise: In Olivenöl die geputzte und in dünne Scheiben geschnittene Selleriestange, die durchgepresste Knoblauchzehe und die in kleinste Stückchen geschnittene scharfe Paprika kurz anbraten bzw. -bräunen, aber nicht zu dunkel werden lassen. Die entkernten Tomaten hinzufügen, salzen und zuckern. Alles bei kleiner Flamme mindestens eine halbe Stunde schmurgeln lassen. Dabei die Tomaten mit dem Kochlöffel nach und nach zerdrücken. Diese Grundsauce später nach Bedarf weiterverwenden.

Frittierter Knollensellerie

Lässt sich als Topping einer Suppe verwenden, kann man aber auch einfach als Chips knabbern, entweder solo oder als Mischung mit frittierter Roter Bete und natürlich Kartoffelchips. Dafür teilt man eine Sellerieknolle am besten erst einmal in Viertel, und dann in 2–3 cm breite Blöcke. Diese hobelt man mit dem Gemüsehobel in dünne Streifen. Frittieröl in einem hohen Topf stark erhitzen und die Selleriestreifen in mehreren Portionen 2–3 Minuten frittieren. Dann auf Küchenpapier abtropfen lassen. In einer Schüssel etwas salzen.

Sellerieheu

Lässt sich wie der frittierte Sellerie als Topping für Suppen verwenden, ist aber auch zum Solo-Knabbern geeignet, dann sind sie ein viel besserer Ersatz für die industriell hergestellten Kartoffelsticks. Wenn man Sellerieheu frittiert, muss man aufpassen, denn es ist in Nullkommanix fertig, weil es so dünn ist.

FOND

Fond kann man fertig abgefüllt kaufen, dann enthält er meist „natürliche“ Aromen, Geschmacksverstärker und andere Zutaten, die ein selbst zubereiteter Fond nicht benötigt, da dieser aus wirklich natürlich angebautem Gemüse und Fleisch/Fisch guter Qualität entsteht, zumindest haben wir deutlich mehr Kontrolle über die Zutaten, weil wir sie selber einkaufen. Sellerie – ob Knolle oder Stange – ist fast immer als würzende Zutat mit dabei. Es gibt aber keine Standardrezepte, an die man sich sklavisch halten muss. Jeder Koch hat wohl seine eigenen Fond-Geheimrezepte, die sich in der Hauptsache in den jeweiligen Mengen der Zutaten und den benutzten

Gewürzen unterscheiden. Klar, ein Rinderfond ohne zumindest Rinderknochen, ein Fischfond ohne Gräten und andere Fischabschnitte etc. verdient nicht wirklich seinen Namen, aber ansonsten ist der Koch relativ frei in der Zutatenzusammenstellung. Wichtig ist nur, dass der Fond würzig genug ist, sonst hat man Wasser mit leichtem Aroma, und damit lassen sich die geplanten Gerichte, für die ein Fond benötigt wird, auch nur mehr schlecht als recht umsetzen. Und daher eben der Sellerie wegen seiner Würzkraft.

Ich werde hier Rezeptbeispiele für die wichtigsten Fonds geben, also Rinderfond/Kalbsfond, Geflügelfond, Fischfond und Gemüsefond.

Gemüsefond

2,5 l Wasser • 3 große Zwiebeln, grob gehackt • 8 Knoblauchzehen, leicht angequetscht • 4 Karotten, in grobe Stücke geschnitten • 2 Selleriestangen, in grobe Stücke geschnitten • 1 Stange Lauch, in grobe Stücke geschnitten • je 4 Zweige frischer Thymian, Majoran und Petersilie • 2 Lorbeerblätter • 8 schwarze Pfefferkörner • Salz

Alle Zutaten in einem großen Topf zum Kochen bringen. Die Hitze reduzieren, den Topf teilweise abdecken und den Fond eine Stunde köcheln lassen. Schaum abschöpfen, den Fond durch ein feines Sieb seihen und abkühlen lassen.

Fischfond

Gräten und sonstige Fischabfälle sind unerlässlich, sonst funktioniert es nicht, und reines Fischfilet wäre für einen Fond zudem viel zu schade. Nicht geeignet sind fette Fische wie Makrele oder Hering oder auch geräucherte, und zu lange kochen sollte der Fond auch nicht, da er sonst bitter werden kann.

2 l Wasser • 1 kg Fischgräten, -köpfe und sonstige -stücke, wenn vorhanden gerne auch Garnelen- oder Shrimpsschalen • 200 ml trockener Weißwein • 2 Zwiebeln, grob gehackt • 1 Karotte, in grobe Stücke geschnitten • 1 Stange Sellerie, in grobe Stücke geschnitten • 2 Scheiben Fenchel • 2 Zweige frischer Thymian • 4 Zweige frische Petersilie • 1 Lorbeerblatt • 6 schwarze Pfefferkörner • 1 Prise Salz

Alle Zutaten in einem großen Topf langsam zum Kochen bringen. Die Hitze reduzieren, Topf teilweise abdecken und 30 Minuten köcheln. Schaum abschöpfen, Fond durch ein feines Sieb seihen und abkühlen lassen.

Geflügelfond

Entweder nehmen Sie für Ihren Geflügelfond ein ganzes Suppenhuhn und machen nachher aus dem Fleisch z. B. ein leckeres Hühnerfrikassee oder Sie holen sich vom Geflügelhändler Ihres Vertrauens Geflügelabfälle, die für einen Fond geeignet sind. Er weiß da schon Bescheid.

2 kg Geflügelknochen, -gelenke, -knorpel etc., kleingehackt oder 1 Suppenhuhn (2 kg), geviertelt • 1 Zwiebel oder 2 Schalotten, geschält, in Würfel geschnitten • ¼ l Weißwein, trocken • 75 g Möhren, grob in Würfel geschnitten • 100 g Lauch (nur der weiße Teil), grob in Stücke geschnitten • 75 g Sellerieknolle, grob in Wür-

fel geschnitten • 1 Lorbeerblatt • 1 Zweig Thymian oder Estragon • 2 Petersilienstiele • 5 Pfefferkörner • 2 Pimentkörner • 2 Gewürznelken • 1 Knoblauchzehe

Die Geflügelknochen mit kaltem Wasser abspülen und gut abtropfen lassen. Knochen in einem Bräter farblos anschwitzen und mit dem Weißwein ablöschen. Das Anschwitzen ist nicht unbedingt erforderlich, dient aber der Geschmacksverbesserung. Knochen und sonstige Geflügelabfälle (oder ein ganzes Suppenhuhn) in einen entsprechend großen Topf geben und mit kaltem Wasser auffüllen, so dass alles mit dem Wasser bedeckt ist. Das Wasser langsam aufkochen lassen und abschäumen. Auf kleinem Feuer circa zwei Stunden köcheln lassen. Nach einer Stunde Gemüse, Kräuter und Gewürze zugeben. Während der Kochzeit immer wieder abschäumen, entfetten und verdunstetes Wasser durch Zugießen ausgleichen. Den fertigen Fond durch ein mit einem Tuch ausgekleidetes Sieb passieren. Die Brühe im sauberen Topf noch einmal kurz aufkochen und gegebenenfalls von Schaum und Fett befreien. Wenn Sie den Fond noch länger einkochen bzw. reduzieren, wird er geschmacksintensiver. Den Fond auskühlen lassen und noch einmal entfetten.

Rinder-/Kalbsfond

Sie können einen dunklen Rinderfond oder einen helleren Kalbsfond machen, die sich beide besonders gut als Grundlage für verschiedenste Saucen eignen, auch ein Fleischfond aus teils Rinder- und teils Kalbsknochen lässt sich gut verwenden.

1 kg gehackte Rinder- und/oder Kalbsknochen mit Sehnen, Knorpel und Fleischabschnitten (am besten beim Metzger vorbestellen) • 2 EL Butterschmalz • 1 Möhre • 1 Stange Sellerie • 1 Tomate • 1 Zwiebel • 1 Knob-

lauchzehe • 3 Zweige Petersilie • 1 Lorbeerblatt • 2 EL Tomatenmark • 1 TL weiße Pfefferkörner • 1/8 l Rotwein

Knochen waschen und trockentupfen. Butterschmalz in einem Bräter erhitzen. Die Knochen darin zehn Minuten unter mehrmaligem Wenden anbraten, bis alle schön gebräunt sind. Eine Schöpfkelle heißes Wasser darüber gießen und den Bratensatz damit lösen. Nochmals so lange braten, bis das Wasser verdampft ist.

Möhre, Sellerie und Tomate waschen und putzen oder schälen; alle drei grob zerkleinern. Zwiebel und Knoblauch schälen und grob hacken. Petersilie abbrausen.

Gemüse, Petersilie und Lorbeer in den Bräter geben und ebenfalls bräunen. Tomatenmark und zerdrückte Pfefferkörner einrühren, weitere fünf Minuten rösten. Wein zugießen, Bratensatz lösen und die Flüssigkeit völlig verdampfen lassen.

Zwei Liter heißes Wasser angießen und den Bratensatz lösen. Bei milder Hitze 3–4 Stunden köcheln lassen, davon 1 Stunde offen. Schaum zwischendurch immer wieder abschöpfen. Fond durch ein feines Sieb gießen, abkühlen lassen und das Fett abheben.

ROHKOST

Neben den verschiedenen Salaten, in die rohe Knollensellerie hineingeraspelt oder Stangensellerie hauchfein geschnitten wird – dazu kommen wir etwas später, reichen wir hier vorweg zwei Rezepte für bekannte italienische Rohkostplatten, die meist auch ganze Selleriestangen neben anderer frischer Gemüserohkost der Saison enthalten. Der Stangensellerie hat außen die gröberen Stangen mit den dickeren Fäden bzw. Fasern, die man auf jeden Fall mit einem Messer abziehen oder einem Sparschäler abschälen sollte, da sie sonst gerne in den Zahnzwischenräumen hängen bleiben. Manch einer nimmt nur die zarten inneren Stangen für so ein Rohkostgericht, die man auch Sellerieherz nennt. Da ist dann das Fädenziehen nicht unbedingt nötig.

Pinzimonio
Toskanische Rohkost

Rohes, frisches Gemüse der Saison wird auf einer großen Servierplatte angerichtet. Neben dem Stangensellerie können das z. B. sein: Fenchel, Karotten, Gurken, Frühlingszwiebeln, kleine junge Artischocken, Radieschen, Tomaten.

Für jeden Gast wird ein Schälchen mit Dressing aus Olivenöl, Salz, Pfeffer und etwas Zitronensaft bereitgestellt. Dazu isst man toskanisches helles Landbrot.

Bagna Caoda
Piemonteser Rohkost

Die Auswahl an rohem, frischem Gemüse ist hier meist eine etwas andere, nur der Stangensellerie taucht auf jeden Fall auch wieder auf, ansonsten z. B. Paprika, Chicorée, Brokkoli, zarte Blumenkohlröschen oder die inneren Teile vom Wirsing. Statt eines zimmerwarmen Dressings wird hier eine heiße Sauce – genauer übersetzt: ein heißes Bad – serviert. Dazu braucht es:

50 g Butter • 6 Knoblauchzehen • 300 ml Olivenöl •
150 g Salzsardellen

Sardellen gut abwaschen und so vom Salz befreien. Butter in einer hohen Kasserolle langsam schmelzen lassen und den Knoblauch durch die Presse dazugeben. Er soll aber keine Farbe annehmen. Olivenöl und Sardellen hinzugeben und in etwa zehn Minuten auf kleinster Flamme eine Sauce rühren. Diese wird am Tisch auf ein Fondue-

Öfchen oder Rechaud gestellt, damit sie heiß bleibt. In einer lokalen Variante isst man dazu gekochtes Gemüse, dann aber ohne Sellerie, weswegen uns das hier nur am Rande interessiert.

Zum rohen (oder auch blanchierten) Stangensellerie passt ebenso gut eine etwas fruchtige Sauce. Sellerie passt zu einigen Früchten wie Apfel, Birne oder Traube, wie im Weiteren zu sehen sein wird. Zunächst ein sizilianisches Rezept:

Salsa all' arancia
Sizilianische Orangensauce

30 g Butter • 3 Eigelb • 100 ml Balsamico-Essig • abgeriebene Schale einer ½ Bio-Orange • 1 EL Orangensaft • Salz, Pfeffer

Die Butter in einem Töpfchen im Wasserbad schmelzen lassen. Die Eigelbe, den Essig, Orangenschalenabrieb und Orangensaft langsam hineinrühren. Mit Salz und Pfeffer abschmecken.

Stangensellerie mit Kirschen-Dip

Ebenfalls eine schmackhafte Kombination.

800 g Stangensellerie • 100 g frische Kirschen • 250 g Quark • etwas Milch • Pfeffer, Paprika

Den Stangensellerie roh oder blanchiert (8–10 Minuten in Salzwasser) servieren. Für den Dip die gewaschenen Kirschen entstielen, entkernen und durch ein feines Sieb drücken. Mit dem Quark und der Milch leicht schaumig rühren. Mit Pfeffer und Paprika abschmecken.

Ants on a log
Ameisen auf einem Holzscheit

Ein lustiger Snack für Kindergeburtstage, aber auch für erwachsene Kinder geeignet, da er nicht nur lustig aussieht, sondern auch überraschend gut schmeckt: Geputzte und gewaschene Selleriestangen werden auf ihrer konkaven Seite mit Erdnussbutter gefüllt, auf die Rosinen – also „Ameisen" – gesetzt werden. Die bittere Schärfe des Selleries harmoniert dabei mit der salzigen Fettigkeit der Erdnussbutter und der Süße der Rosinen.

SUPPEN, SALATE UND PÜREES

SELLERIESUPPEN

In hiesigen Gefilden sind einige Varianten von Selleriesuppen bekannt. Da gibt es zum einen die klaren Brühen bzw. Consommés mit oder ohne Einlage, dann die meist pürierten und legierten Cremesuppen, und schließlich die reichhaltigen Eintöpfe vom Pichelsteiner bis zur italienischen Minestrone, in denen der Sellerie eine unter vielen Zutaten ist.

Eine gute Consommé hängt von einem guten Fond ab und wird meist als Consommé double zweimal gekocht, d. h. zuerst wird der benötigte Fond hergestellt (die verschiedenen Fonds finden Sie unter den Grundrezepten), der danach noch einmal mit weiteren Zutaten gekocht wird, um das Aroma zu verstärken.

Kalte Consommé aus Stangensellerie und Karotten

Im Sommer ist eine kalte Consommé sehr erfrischend, die Karotten geben ihr eine süßliche Note.

6 Karotten • 6 Selleriestangen • 1 l Hühnerfond (möglichst selbst zubereitet) • 2 Zwiebeln • 1 Handvoll frisches Basilikum • 1 Handvoll frische Petersilie • 2 Zweige frischer Thymian • 1 Prise Salz • 6 schwarze Pfefferkörner • etwas Schale einer unbehandelten Zitrone • 1 EL Limettensaft • frisches Basilikum zum Garnieren

Alle Zutaten außer dem Limettensaft in einem Topf zum Kochen bringen und 45 Minuten köcheln lassen, bis das Gemüse sehr weich ist. Durch ein feines Sieb gießen und dabei das Gemüse leicht ausdrücken, um möglichst viel Flüssigkeit zu erhalten, aber ohne es durch das Sieb zu drücken. Limettensaft hinzufügen und mehrere Stunden im Kühlschrank durchziehen lassen. Die Suppe in Suppenschalen mit in Streifen geschnittenem Basilikum garniert servieren.

Kalte Selleriecremesuppe mit Äpfeln und Aprikosen

Auch eine kalte Cremesuppe mit Früchten ist zu empfehlen. Der Sellerie ist hier nicht ganz so präsent, aber als Würze wichtig.

450 g getrocknete Aprikosen • 450 g frische Äpfel, geschält, entkernt und gehackt • 2 Stangen Sellerie, gehackt • 4 Stängel frische glatte Petersilie • 1 Lorbeerblatt • 1,5 l Gemüsefond (möglichst selbst zubereitet) • 1 Prise Salz • Saft von 1 Limette • 150 ml Crème double • 50 g geröstete Mandelblättchen zum Garnieren

Aprikosen, Äpfel, Sellerie, Petersilie, Lorbeer und Gemüsefond in einem Topf zum Kochen bringen und 30 Minuten köcheln lassen. Petersilie und Lorbeer wieder entfernen. Die Suppe glatt pürieren und in eine Schüssel gießen. Etwas salzen, dann Limettensaft und Crème double einrühren. Mehrere Stunden im Kühlschrank kalt stellen. Mit je 2–3 Eiswürfeln und den Mandelblättchen garniert servieren.

Selleriesconsommé

Auf der Basis eines Rinderfonds zubereitet, ist sie eine klassische Vorsuppe zum gekochten Rindfleisch oder Rinderbraten.

1,5 l Rinderfond (möglichst selbst zubereitet) • 2 Stangen Sellerie • Bouquet garni aus Petersilie, Thymian und Lorbeer • Salz, Pfeffer

Rinderfond, eine grob gehackte Selleriestange und das Bouquet garni in einem großen Topf zum Kochen bringen, salzen und pfeffern. Hitze reduzieren und 30 Minuten köcheln lassen. Ein Sieb mit mehreren Schichten feuchtem Musselin auslegen und die Flüssigkeit durchseihen. Die zweite Selleriestange in 0,5 cm breite Scheiben schneiden und in schwach gesalzenem Wasser 5 Minuten köcheln. Die Scheiben gut abtropfen lassen.

Die Consommé wieder in den Topf gießen, abschmecken, bei Bedarf nachwürzen und nochmals erhitzen. In jeden Suppenteller einige Scheiben Sellerie legen und mit der Consommé auffüllen.

Plädiere ich bei den Selleriepürees dafür, auf die Kartoffel als Partner in *the Mix* zu verzichten, so fordere ich in einer *Selleriecremesuppe* die Kartoffel als helfende Hand geradezu, nennen Sie es mithin eine persönliche Marotte, aber probieren Sie bitte einmal folgendes Rezept.

Selleriecremesuppe mit Apfel

400 g Sellerieknolle • 150 g Kartoffeln • 2 kleine Zwiebeln • 2 EL Butter • 750 ml Gemüsebrühe • 1 leicht süßlicher Apfel • 2 TL Zitronensaft • 100 ml Schlagsahne • Salz • Pfeffer • 1 Prise Muskatnuss • 1 EL Majoranblättchen

Sellerieknolle, Kartoffeln sowie Zwiebeln schälen und würfeln. 1 EL Butter in einem Topf zerlassen, Zwiebeln darin glasig dünsten. Sellerie und Kartoffeln dazugeben und 2 Minuten mitdünsten. Gemüsebrühe zugießen, aufkochen und bei mittlerer Hitze zugedeckt 15 Minuten kochen. Inzwischen den Apfel schälen, entkernen, in kleine Würfel schneiden, mit dem Zitronensaft beträufeln und kurz in 1 EL Butter andünsten. Selleriesuppe mit der Schlagsahne aufgießen und mit dem Mixstab fein pürieren. Mit Salz, Pfeffer und Muskatnuss würzen. Mit den Apfelwürfeln und Majoranblättchen bestreuen.

Auch die Einlage von reifen, leicht süßlichen Birnenwürfelchen statt des Apfels ist hier eine Option. In diesem Fall empfehle ich anstelle des Majorans die Zugabe von Estragon.

Nun noch ein Eintopfgericht, in dem der Stangensellerie Zutat unter vielen ist, hier aber speziell Teil der schon erwähnten *Holy Trinity* aus Zwiebeln, Stangensellerie und grüner Gemüsepaprika, wie sie typisch für die Cajun-Küche in Louisiana ist.

Seafood Okra Gumbo
Meeresfrüchte-Eintopf

Im Gumbo sorgt die dunkle Mehlschwitze (Roux) neben den Okraschoten nicht nur für eine sämige Sauce, sondern auch für ein spezielles Aroma.

3 große Zwiebeln, gehackt • 3 Stangen Sellerie, gehackt • 3 grüne Gemüsepaprika, entkernt und gehackt • 8 Knoblauchzehen, gehackt • 2 Cayennepfefferschoten, entkernt und gehackt (oder Chilischoten nach Wunschschärfe) • 60 ml Öl • 30 g Weizenmehl • je 1 Prise Thymian, Oregano und Basilikum • 3 Lorbeerblätter • 1,5 l Fischfond (möglichst selbst zubereitet) • 225 g kleine Krebse, ohne Rückenpanzer und Lunge halbiert • 150 g Andouille (eine geräucherte Cajunwurst aus Schweinefleisch, die hauptsächlich als würzende Beigabe zum Gumbo Verwendung findet; ersatzweise eine andere würzige Räucherwurst) • 150 g Okraschoten in Scheiben • 200 g Garnelen, geschält • 12 Muscheln oder Austern ohne Schale • Salz, frisch gemahlener schwarzer Pfeffer

Das Gemüse vorbereiten. Öl in einem großen Topf sehr heiß werden lassen. Das Mehl einrühren und unter stetigem Rühren rotbraun rösten. Zwiebelwürfel hinzufügen und etwa 1 Minute anschwitzen. Sellerie- und Paprikawürfel dazugeben und 1 weitere Minute dünsten. Knoblauch, Cayenne, Thymian, Oregano, Basilikum und Lorbeer zum Gemüse geben. Den Fischfond unter ständigem Rühren zugießen. Krebse, Wurst und Okra hinzufügen und das Gumbo bei kleiner Hitze 1 Stunde köcheln. Gelegentlich Schaum abschöpfen.

Die Garnelen hinzufügen und zehn Minuten mitköcheln. Zuletzt die Muscheln oder Austern einlegen und das Gumbo aufwallen lassen. Mit Salz und Pfeffer abschmecken. In tiefen Tellern auf Reis servieren.

Waldorfsalat

Die gelungene Kombination von Sellerie und Apfel ist uns schon begegnet, durch den Waldorfsalat ist sie weltberühmt geworden. Wie auch bei anderen bekannten Salaten, etwa dem Nizza-Salat, erfuhr die Zutatenliste im Laufe der Zeit manch stimmige oder auch abwegige Ergänzung. Wer würde heute noch denken, dass der vom Schweizer Oberkellner Oscar Tschirk 1893 im New Yorker Waldorf Astoria erfundene Salat ursprünglich nur aus rohen Knollensellerie- und Apfeljulienne in reichlich Mayonnaise-Dressing bestand? Nein, keine Walnüsse! Und auch keine Mandarinen, Trauben oder gar Forellenfilets. Was nicht heißen mag, dass diese Ergänzungen dem Waldorfsalat nicht gut zu Gesicht stehen, ihn im Endeffekt sogar verbessern. Denn „reichlich Mayonnaise-Dressing" ertränkt die anderen Zutaten und ihren Eigengeschmack und ist heute für einen Waldorfsalat unzeitgemäß. Niki Segnit empfiehlt in ihrem *Geschmacks-Thesaurus* gar, die Knolle durch die Stange zu ersetzen:

3 ungeschälte, entkernte Äpfel • 1–2 Stangen Sellerie • ½ Tasse Walnüsse • etwa 1 EL Mayonnaise • Salz • frisch gemahlener Pfeffer

Sie sehen schon, statt der reichlichen Beigabe von Mayonnaise wird hier so weit zurückgefahren, dass sie nur noch den gerade noch nötigen „Kitt" zur Verbindung der restlichen Zutaten ergibt. Es reicht auch, wenn Apfel und Sellerie in kleine Stücke statt in Julienne geschnitten und die Walnüsse nur grob gehackt werden. So ergibt sich ein viel „bissigerer" Salat, als es das Original darstellt.

Wem aber auch dies noch zu viel Mayonnaise ist, dem sei folgendes Dressing von meiner Nachbarin empfohlen, die es meist in einer größeren Menge in eine Flasche abfüllt.

Apfel-Stangensellerie-Salat

1 Schalotte, fein gewürfelt • 2 EL Apfelessig • 2 EL Sonnenblumenöl • 2 EL Ahornsirup • 2 TL Senf (am besten Maille mit Honig) • Salz • weißer Pfeffer

Alle Zutaten gut mit dem Schneebesen verrühren.

Stangensellerie-Champignon-Salat

Da der Stangensellerie auch gut mit Blauschimmelkäse harmoniert (in der englischen Küche eine traditionelle Paarung zu Weihnachten), hier ein Salatrezept, das etwas abwechslungsreicher ist, als dass man lediglich Selleriestangen in Blauschimmelkäse-Dip tunkt, wogegen aber auch nichts einzuwenden ist.

Dressing:

50 g Blauschimmelkäse • 200 g Hüttenkäse • 100 g süße Sahne • 2–3 EL Estragonessig • Honig • Meersalz • weißer Pfeffer • Cayennepfeffer • etwas Ingwer, frisch gerieben

Salat:

400 g Stangensellerie • 4 reife Tomaten • 100 g frische Champignons • Saft einer ½ Zitrone • 1 Bund Zitronenmelisse

Für das Dressing den Blauschimmelkäse mit einer Gabel zerdrücken. Mit dem Hüttenkäse und der süßen Sahne vermischen. Mit Essig, Honig und Meersalz sowie den Gewürzen abschmecken.

Den Stangensellerie putzen und in dünne Scheiben schneiden. Die Tomaten waschen, Stielansatz entfernen, vierteln und in Würfel schneiden. Die Champignons putzen, in Scheiben schneiden und mit Zitronensaft beträufeln. Stangensellerie, Tomaten und Champignons mit der Zitronenmelisse und dem Dressing anrichten.

Trauben-Sellerie-Salat mit Roquefortdressing

Hier nun ein Salat, der gleich eine ganze Reihe der mit Sellerie gut harmonierenden Köstlichkeiten vereint und noch die ebenfalls perfekt passenden Trauben miteinbezieht. Für den Sellerie sozusagen eine Traumkombination:

150 g Roquefort • 200 g Crème fraîche • 4 EL Sahne • 4 EL Sherryessig • 3 EL halbtrockenen Sherry • Salz, Pfeffer • 500 g blaue Trauben • 500 g helle Trauben • 6 Stangen Sellerie • 4 nicht zu süße Birnen • 2 säuerliche Äpfel • 3 EL Zitronensaft • 150 g Feldsalat • 3 EL Walnussöl • 50 g Walnusshälften

Für das Dressing den Roquefort würfeln und mit Crème fraîche, Sahne, 2 EL Sherryessig und Sherry im Mixer glatt pürieren. Mit Salz und Pfeffer abschmecken.

Weintrauben waschen und abtropfen lassen, Stiele entfernen, Trauben halbieren und entkernen.

Stangensellerie putzen, Blätter waschen und trockentupfen. Stangen in dünne Scheiben schneiden, Blätter grob hacken.

Birnen und Äpfel waschen, schälen, entkernen, vierteln und dann in Würfel schneiden. Mit Zitronensaft vermischen.

Feldsalat putzen, waschen und trockenschleudern. Eine Schale mit dem Feldsalat auslegen und mit Walnussöl und 2 EL Sherryessig beträufeln. Darauf Trauben, Sellerie, Birnen und Äpfel anrichten, mit dem Roquefortdressing begießen und mit den Walnusshälften garnieren.

Insalata di sedano rapa con pollo
Selleriesalat mit Huhn

Kommen wir schließlich zu einem weiteren Salatrezept mit der Knolle, dem man in Italien häufiger begegnen kann und das dem Waldorfsalat in manchen Rezeptvarianten verblüffend nahekommt, wenn Äpfel und Walnüsse mitverwendet werden. Wer seine Eier nicht direkt beim Bauernhof bezieht, sollte auf das Eigelb besser verzichten.

1 große Sellerieknolle • 2 Zitronen • 1 EL Olivenöl • 3 große Möhren • 2 gegrillte, gebratene oder gekochte Hühnerbrüste • 1 Eigelb (absolut frisch!) • 1 EL Mayonnaise • 1 Becher Joghurt • Pfeffer, Salz • römischer Salat • grüne Oliven

Sellerie waschen, schälen und in Julienne schneiden. Mit dem Saft von 1 Zitrone und dem Olivenöl vermischen und 2 Stunden im Kühlschrank durchziehen lassen. Auch die Möhren in Julienne schneiden und mit dem Saft der zweiten Zitrone vermischen. Die Hühnerbrüste in Scheiben schneiden. Eigelb, Mayonnaise und Joghurt verrühren und würzen. Alle Zutaten auf den ausgelegten Salatblättern anrichten, mit dem Dressing begießen und mit Oliven garnieren.

Nebenbei sei erwähnt, dass die Kombination Sellerie und Huhn (siehe auch die allseits bekannte Hühnersuppe) eine geradezu klassische ist. Im 19. Jahrhundert galt unter britischen und amerikanischen Food-Autoren eine Selleriesauce als natürliche Ergänzung zu gekochtem Geflügel.

SELLERIEPÜREES

Selleriepüree wird aus der Sellerieknolle hergestellt. Wer die streng-scharfe Würzigkeit des Selleries mag und möglichst den unverfälschten Geschmack erhalten möchte, bereitet sein Selleriepüree lediglich mit etwas Gemüsebrühe zu und salzt und pfeffert es nur ganz leicht. Mit Milch oder Sahne wird die Intensität des Selleries schon etwas abgemildert, Butter bringt einen eigenen Geschmack ins Püree. Besonders gut schmeckt das *Selleriepüree*, wenn ihm Sahne und Butter beigegeben werden. Wem ein reines Selleriepüree zu intensiv ist, kann auch ein Püree aus Kartoffeln und Sellerie bereiten, aber gerade die Zugabe von Sahne und Butter macht das Sellerie-Solo-Püree so fein, dass man getrost auf Kartoffeln verzichten kann.

1 Sellerieknolle • Saft ½ Zitrone • 100–200 ml Sahne • 10–50 g Butter • Salz, Pfeffer • Muskatnuss (nach Belieben)

Für das Püree die Sellerieknolle gründlich schälen, in Würfel schneiden und in Wasser mit dem Zitronensaft gar kochen. Das Kochwasser abschütten. Die Selleriewürfel auf kleinster Flamme mit Sahne und Butter je nach Vorliebe grob oder fein pürieren. Mit Salz und Pfeffer abschmecken.

Apropos Pürieren: Feiner wird das Püree mit dem Stabmixer, etwas gröber, wenn man den Sellerie mit der Gabel bearbeitet, geradezu stückig mit dem Kartoffelstampfer.

Wer möchte, reibt in das fertige Püree noch etwas Muskatnuss hinein. In einer Variante wird die Butter vorab separat erhitzt, bis sie anfängt zu bräunen (so genannte Nussbutter), und dann über das Selleriepüree gegossen.

So ein Selleriepüree schmeckt zu allem, wozu auch ein Kartoffelpüree gerne gegessen wird. Es schmeckt auch einfach pur ohne Beilagen.

Probieren Sie auch einmal ein *Sellerie-Apfel-Püree*, eine naheliegende Abwandlung des bekannten Gerichts *Himmel und Erde*, das Kartoffeln mit – eher säuerlichen statt süßen – Äpfeln kombiniert. Oder ein *Sellerie-Birnen-Püree*, für das sich entsprechend herbere, nicht zu süße Birnen eignen.

AUS DER PFANNE

Sellerieschnitzel

Wie der Name schon andeutet, waren Sellerieschnitzel in früheren Zeiten ein günstiger Fleischersatz mit der äußeren Anmutung eines Schnitzels. Dazu wird eine gründlich geputzte und geschälte Sellerieknolle in 1–1,5 cm dicke Scheiben geschnitten, die in 10–15 Minuten gerade eben bissfest gekocht oder gedämpft werden. Die Scheiben abkühlen lassen, dann mit Salz und Pfeffer würzen und klassisch panieren, also wenden in Mehl, in verquirltem Ei und schließlich in Semmelbröseln. Die Semmelbrösel kann man nach Lust und Laune auch noch etwas aufpeppen, z. B. mit geriebenem Parmesan, Chiliflocken oder getrockneten Kräutern. Dann in einer Pfanne Scheibe für Scheibe in Öl bei mittlerer Hitze von jeder Seite goldbraun braten. Eine gern gereichte Sauce zu diesen Schnitzeln war und ist die Remoulade. Tsatsiki oder andere Saucen auf Joghurt-, Quark- oder Mayonnaise-Basis passen ebenfalls sehr gut. Und auch eine Tomatensauce sollte man mal ausprobieren.

Eine luxuriösere Variante dieses klassischen Sellerieschnitzels erhält man, wenn man die Schnitzel nach Art eines *Cordon bleu* zubereitet, also noch mit Kochschinken und Käse füllt.

Sellerie Cordon bleu

1 Sellerieknolle à 500 g • 4 dünne Scheiben Kochschinken • 4 möglichst dünne Scheiben Butterkäse • Salz, Pfeffer • 30 g Cornflakes • 30 g Erdnüsse (ungesalzen) • 1 Ei • 2 EL Mehl • Öl

Die gründlich geschälte Sellerieknolle dieses Mal in etwas dickere, sagen wir gut 1,5 cm dicke, Scheiben schneiden und wie oben beschrieben bissfest garen und abkühlen lassen. Jede Scheibe noch einmal einschneiden, aber nicht völlig durchschneiden. In diese Spalten jeweils eine Kochschinken- und eine Käsescheibe stecken und fest zusammendrücken. Mit Salz und Pfeffer würzen. Cornflakes und Erdnüsse in ein Tuch geben und mit dem Nudelholz fein zermahlen.

Die Sellerieschnitzel zuerst in Mehl, dann im verquirlten Ei und zum Schluss in der Cornflakes-Nuss-Mischung wenden. Die Panade gut festdrücken. Öl in einer beschichteten Pfanne erhitzen und die gefüllten Sellerieschnitzel von jeder Seite bei mittlerer Hitze goldbraun braten. Hier wäre wegen der Käsefüllung eine Remoulade oder ähnliche Sauce etwas zu viel des Guten, daher serviere ich die Sellerieschnitzel à la Cordon bleu schlicht mit angemachtem Blattsalat und Salzkartoffeln.

Sellerie-Saltimbocca

lässt sich ebenfalls problemlos zubereiten.

1 große Sellerieknolle • 12–16 Salbeiblätter • 12–16 Scheiben Frühstücksspeck • 2 EL Mehl • 4 Eier • 150 g Parmesan • Öl

Die Sellerieknolle schälen und in 12 bis 16 Scheiben schneiden, jeweils etwa 0,5 cm dick. Jede Scheibe mit einem Salbeiblatt belegen und mit einer Scheibe Speck so umwickeln, dass das Salbeiblatt festsitzt. Die Selleriescheiben nun panieren, dazu zuerst von beiden Seiten mit Mehl bestäuben. Die Eier mit einer Gabel verschlagen. Den fein geriebenen Parmesan einrühren. Die Selleriescheiben in der Eier-Parmesan-Mischung wenden und schließlich in einer Pfanne in heißem Öl von jeder Seite 3 Minuten braten.

Selleriepuffer

Werden ähnlich zubereitet wie Kartoffelpuffer. Dazu passen wieder die schon für die Sellerieschnitzel erwähnten Saucen.

800 g Knollensellerie • 4 EL Butterschmalz • 1 Prise Salz • 1 Schuss Apfelsaft • 3 EL Sonnenblumenkerne • 3 große oder 4 kleine frische Eier • 4 EL Paniermehl • Pfeffer •

Sellerie schälen und grob raffeln. In einer großen Pfanne 2 EL Butterschmalz heiß werden lassen. Sellerie darin unter Rühren anschwitzen und salzen. Mit Apfelsaft ablöschen, zudecken und 5 Minuten auf kleiner Flamme dünsten. Abkühlen lassen.

Sonnenblumenkerne in einer Pfanne leicht anrösten.

Eier mit Paniermehl, Salz und Pfeffer verquirlen. Mit Sellerie und Sonnenblumenkernen gut vermischen.

Pro Puffer eine Kelle Sellerieteig in eine mit 2 EL Butterschmalz erhitzte Pfanne geben und von beiden Seiten knusprig braten.

Gut schmecken die Puffer auch aus Sellerieknolle und Kartoffeln zu gleichen Teilen. Die warmen Puffer daraus kann man gut mit Räucherlachs belegen und mit etwas Crème fraîche dekorieren.

AUS DEM OFEN

Sowohl Knollensellerie als auch Stangensellerie lassen sich im Ofen gut (über)backen. Schauen wir zunächst in den hohen Norden, wo die Schotten ebenso wie die Engländer den Stangensellerie bevorzugen. Frank Winters prämiertes Schottland-Kochbuch offeriert immerhin drei Rezepte mit Stangensellerie. In diesem Beilagenrezept ist die Staude der Hauptdarsteller:

Celery in cream
Stangensellerie in Sahnesauce

4 Stangen Sellerie • 200 ml Sahne • 2 Eier • Salz, Pfeffer • Zimt (oder Muskatnuss)

Traditionell wird das Gericht mit Muskatnuss gewürzt, die Kombination mit dem Zimt ist aber auch sehr ansprechend, nicht nur zur Weihnachtszeit.

Den Backofen auf 180 °C vorheizen. Den Sellerie in 5 cm große Stücke schneiden, in Salzwasser kurz blanchieren und gut abtrocknen. Sahne und Eier mischen; mit Salz, Pfeffer und Zimt würzen. Den Sellerie in eine Auflaufform legen, mit der Sahne-Mischung übergießen und zugedeckt etwa 30 Minuten backen.

Natürlich haben auch die Italiener Sellerierezepte für den Backofen, z. B. dieses:

Sedano con funghi al forno
Überbackener Sellerie mit Champignons

1 Stangensellerie • Gemüsebrühe • 250 g Champignons • 1 Handvoll schwarze Oliven, entkernt und fein gehackt • 5 EL Semmelbrösel • 5 EL Parmesan • 1 Bund glatte Petersilie, fein gehackt • Salz, Pfeffer • Olivenöl

Backofen auf 180 °C vorheizen. Stangensellerie putzen und die einzelnen Stangen in 1 cm große Stücke schneiden. In Gemüsebrühe bissfest garen. Champignons putzen, in Scheiben schneiden und mit den übrigen Zutaten – außer der Sellerie – vermischen. Eine Auflaufform einfetten, die Selleriestücke hineinlegen, dann die Champignon-Mischung darübergeben. Mit Olivenöl beträufeln und etwa 30 Minuten im Ofen überbacken.

Oder dieses aus Umbrien:

Sedano gratinato
Gratinierter Stangensellerie

1 kg Stangensellerie • 100 g Schalotten • 80 g Butter • 2 Knoblauchzehen • 500 g Fleischtomaten • 2 EL Weißwein • Salz, Pfeffer • 50 g Parmesan • ½ Bund glatte Petersilie

Selleriestangen putzen, waschen, längs halbieren. Schalotten schälen, würfeln und in einer breiten Pfanne in 50 g Butter dünsten.

Knoblauch schälen, pressen und mit dem Sellerie zu den Schalotten in die Pfanne geben. Zugedeckt bei milder Hitze 20 Minuten dünsten.

Inzwischen die Tomaten kurz in kochendes Wasser legen, herausheben, häuten und die Stielansätze herausschneiden. Das Tomatenfleisch würfeln. Den Backofen auf 250 °C vorheizen. Wein in die Pfanne gießen, mit Salz und Pfeffer würzen. Mit Tomaten und Parmesan bestreuen, mit der restlichen flüssigen Butter begießen. Im Ofen 10 Minuten überbacken. Mit gehackter Petersilie bestreut servieren.

Auch die Griechen verwenden den Sellerie gerne in der Küche. Hier ein Rezept, in dem die Kombination aus Knollensellerie und Kartoffel nicht zwangsläufig in einem Püree oder einer Suppe endet:

Pita selinou ke amygdalon
Knollensellerie mit Mandeln

500 g Knollensellerie • 500 g Kartoffeln • 2 EL Olivenöl • 5 EL griechischer Joghurt • 3 EL frische glatte Petersilie, gehackt • Meersalz • Pfeffer • 100 g gehackte Mandeln

Sellerie und Kartoffeln schälen und würfeln. Mit dem Olivenöl und etwas Salz garen. Den Backofen auf 200 °C vorheizen.

Joghurt, Petersilie, Meersalz, Pfeffer und einen Teil der Mandeln mit den Sellerie- und Kartoffelwürfeln gut vermischen. In eine gefettete Auflaufform geben. Mit den restlichen Mandeln bestreuen. Etwa 30 Minuten im Ofen goldbraun überbacken.

Und noch ein von Griechenland inspiriertes Rezept: Im Ofen lassen sich besonders schonend Aromapäckchen mit diversen Gemüsen zubereiten, die beim Öffnen das gesammelte Bukett duftend freigeben.

Sellerie-Fenchel-Päckchen

Diese Päckchen offenbaren viele Anisaromen aus verschiedenen Zutaten.

4 Blatt Alufolie oder Backpapier • Olivenöl zum Bepinseln • 200 g Feta • 2 Stangen Sellerie • 1 Fenchelknolle • 1 kleine Zucchini • 2 Tomaten • je 4 Stiele Koriander und glatte Petersilie • Meersalz • Pfeffer • gemahlener Anis • Saft von 1 Zitrone • 4 EL Ouzo

Den Backofen auf 180 °C vorheizen. Die Alufolien oder Backpapiere leicht mit Olivenöl bepinseln. Feta in 4 Stücke teilen und je eins darauf platzieren. Gemüse waschen, putzen und in dünne Scheiben schneiden. Auf dem Feta verteilen. Mit Salz, Pfeffer und Anis würzen. Ouzo und Zitronensaft angießen, natürlich gleichmäßig auf die

Päckchen verteilt. Noch mit etwas Olivenöl beträufeln und 25 Minuten backen.

Man kann statt des Fetas auch 4 Fischfilets verwenden. Diese gut abwaschen und trockentupfen, würzen und mit etwas Zitronensaft beträufeln. Danach wie oben fortfahren.

Manch ein Hobbykoch wagt sich nicht so richtig heran an das locker-luftige französische Etwas aus dem Ofen. Die Rede ist vom Soufflé. Da mir sofort mein erstes Soufflé gut gelang – wahrscheinlich Anfängerglück, habe ich nie allzu großen Respekt vor dessen Zubereitung gehabt. Wichtig sind einfach zwei Dinge, die man überall zurecht um die Ohren gehauen bekommt, aber es stimmt halt: 1) Soufflé mag keine Zugluft, also den Ofen die ganze Backzeit über zulassen; bei alten, nicht hundertprozentig gut schließenden Öfen sollte man sogar Fenster und Türen schließen. Ja, so sensibel ist das Soufflé. Sogar im Inneren des Ofens sollte man auf Luft, hier Umluft, verzichten. 2) Es gilt für so manches Gericht, für dieses aber ganz speziell: Der/die Esser warten aufs Soufflé, nicht umgekehrt, denn Soufflés fallen schon nach kurzer Zeit mehr und mehr in sich zusammen. Sie werden also direkt aus dem Ofen vorsichtig serviert (bitte nicht auf den Tisch knallen!) und sofort gegessen. Bliebe nur noch die Herstellung selbst, aber das ist ja auch Übungssache: Der Eischnee sollte zumindest so fest sein, dass er beim Umdrehen des Gefäßes nicht herausrutscht, -fließt, -fällt oder was-auch-immer, sollte aber nicht so fest geschlagen werden, dass die wichtigen Luftbläschen, die das Soufflé zum Steigen bringen, wieder zerstört werden. Und man buttert entweder nur den Boden der Soufflé-Förmchen, oder wenn man auch den Rand buttert, dann wird dieser noch mit Zucker (bei süßen Soufflés) oder Semmelbröseln (bei herzhaften Soufflés) ausgekleidet, damit das Soufflé auch gut steigen kann. Genug der Vorrede, nun kommt natürlich ein Rezept für:

Sellerie-Soufflé

400 g Stangensellerie • 1 Bund Petersilie • Salz, Pfeffer • 30 g Weizenvollkornmehl • ¼ l Milch • 3 Eier • 50 g Parmesan

Sellerie putzen, waschen und in sehr dünne Scheibchen schneiden. Petersilie waschen, trockenschwenken und nur die Blätter fein hacken. Sellerie mit Petersilie mischen, mit Salz und Pfeffer würzen.

Vollkornmehl bei mittlerer Hitze in einem Topf unter Rühren anrösten, bis es würzig duftet. Milch unter ständigem Weiterrühren angießen.

Die Masse bei schwacher Hitze etwa 10 Minuten köcheln lassen, bis sie dickflüssig ist. Ebenfalls mit Salz und Pfeffer würzen.

Vier Souffléförmchen ausbuttern (siehe Vorrede). Den Backofen auf 200 °C vorheizen.

Eier trennen. Die Eigelbe mit dem frisch geriebenen Parmesan unter die Mehlmasse mischen und diese wiederum mit der Sellerie-Petersilie-Mischung vermengen. Die Eiweiße mit einer Prise Salz steif schlagen und vorsichtig unterheben. Die Masse in die Förmchen (etwa ⅔ hoch) füllen.

Die Souffléförmchen auf einem Rost mittig in den Backofen schieben und 20–25 Minuten backen.

Dazu passt gut eine leichte Kräutersauce, etwa Kräuterquark mit Milch noch etwas dünnflüssiger als üblich gerührt.

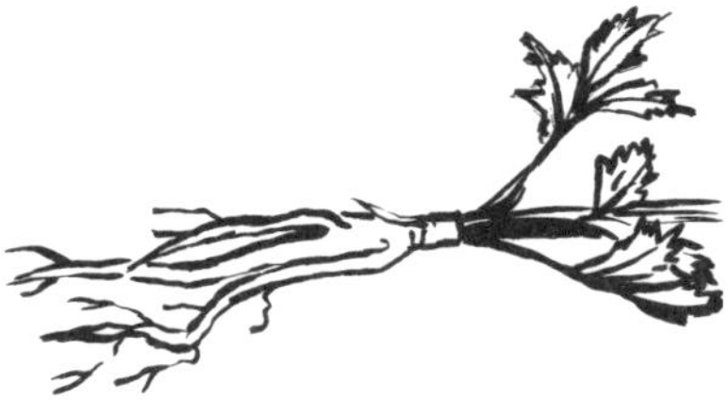

1X MIT FISCH UND 1X MIT FLEISCH

In diesem Kapitel spielt der Sellerie mal nicht die Haupt-, aber doch eine wichtige Rolle oder hat zumindest ein gewichtiges, würzendes Wort mitzureden.

Zunächst ein schottisches Fischgericht, welches man gut als kleine Vorspeise reichen kann, es braucht aber zwei Tage Vorlauf.

Marinated Kipper Fillets
Marinierte geräucherte Heringsfilets

500 g Filets von geräuchertem oder gewöhnlichem Hering • 250 g Stangensellerie • 6 EL Weißweinessig • 4 EL trockener Weißwein • 5 EL Zucker • 1 kräftige Prise Pfeffer

Den Fisch in ein gut verschließbares Gefäß legen. Den Sellerie sehr fein schneiden; in einer Schüssel mit den übrigen Zutaten gut verrühren und auf dem Fisch verteilen. Das Gefäß verschließen und den Fisch zwei Tage im Kühlschrank ziehen lassen, dabei einmal täglich wenden.

Vor dem Servieren auf Zimmertemperatur erwärmen lassen.

Dazu schmeckt getoastetes und gebuttertes Brot.

Khoreshte Karafs
Persischer Schmortopf mit Lamm und Sellerie

500 g Stangensellerie • 4–5 EL Olivenöl • je 1 großer Bund glatte Petersilie und Minze • 1 Zwiebel, fein geschnitten • 1 TL Kurkuma • 500 g Lammgulasch • einige Fäden Safran, fein gemahlen oder gemörsert • ½ l Wasser • 2 EL Zitronensaft • 1 TL Butter • 1 TL Salz • Pfeffer

Stangensellerie putzen und in etwa 2 cm lange Stücke schneiden. In einer Pfanne 1 EL Öl erhitzen und den Sellerie bei mittlerer Hitze goldbraun anbraten. Aus der Pfanne nehmen und beiseitestellen.

Die Petersilie und Minze von den Stängeln zupfen, waschen, trockenschleudern und grob hacken. In der gleichen Pfanne 1 weiteren EL Öl erhitzen.Die Kräuter darin bei geringer Hitze 20 Minuten anbraten, dabei stets rühren, damit die Kräuter nicht schwarz werden. Danach die Kräuter aus der Pfanne nehmen und beiseitestellen.

2–3 EL Öl in einem Schmortopf erhitzen. Die Zwiebel darin goldbraun anbraten. Den Kurkuma einrühren. Das Fleisch in kleine Würfel schneiden, hinzufügen und bei hoher Hitze etwa 8 Minuten von allen Seiten anbraten. Den Safran hinzufügen. Kräftig mit Pfeffer würzen. Die angebratenen Kräuter, den Sellerie und das Wasser hinzufügen, aufkochen und dann auf kleinster Stufe schmoren.

Nach 1 Stunde Salz, Zitronensaft und Butter unterrühren und mindestens 1 weitere Stunde, besser 2, sanft schmoren.

Mit Reis servieren, am besten mit persischem *Chelou*, das ist Reis mit einer gebackenen Kruste.

BERÜHMTE GERICHTE MIT SELLERIE

Rostbraten Esterházy

Angeblich ist der Rostbraten Esterházy eine Art Betriebsunfall: Eigentlich hätte das Gericht mit Trüffeln zubereitet werden sollen, aber diese waren im Schloss Esterházy in Eisenstadt, im damaligen Ungarn nicht zeitgerecht eingetroffen. Im Originalrezept wird der Rostbraten im Ganzen zubereitet; das ist heute nicht mehr üblich.

4 Scheiben Rinder-Rostbraten • Salz • Pfeffer • Öl • 1 Bund Suppengemüse • 1 Sardelle • ⅛ l trockener Weißwein • Rinderfond (möglichst selbst zubereitet) • 4 EL saure Sahne • 1–2 TL Mehl • 4 EL Kapern • Petersilie

Rostbratenscheiben plattieren und an den Rändern einschneiden, salzen, pfeffern und in wenig Öl beidseitig anbraten, danach warm stellen.

Das Gemüse in feine Julienne schneiden und im Bratenrückstand mit der zerdrückten Sardelle kurz andünsten. Mit Wein ablöschen und mit etwas Rinderfond aufgießen. Das Fleisch wieder in die Pfanne legen und zugedeckt bei mittlerer Hitze weichdünsten.

Das Fleisch aus der Pfanne nehmen. Den Sauerrahm mit dem Mehl gut verrühren und das Wurzelgemüse damit binden. Mit den Kapern verfeinern.

Das Fleisch mit der Sauce und mit Petersilie garniert servieren.

Ragù bolognese
Bologneser Sauce

Man kann es ja nicht oft genug erwähnen: Das Ragù bolognese wird mit möglichst frisch hergestellten Tagliatelle (Bandnudeln) serviert, denen die Sauce besonders gut anhaftet. Bei getrockneten Tagliatelle wird meist noch etwas Sahne zur Sauce gegeben. Auch für eine Lasagne wird das Ragù verwendet, jedoch niemals mit Spaghetti serviert. Hier nun das Originalrezept, wie es 1982 von der Bologneser Dependance der Accademia Italiana della Cucina bei der Handelskammer in Bologna hinterlegt wurde.

50 g Stangensellerie • 50 g Zwiebel • 50 g Möhre • 150 g Pancetta • 3 EL Olivenöl oder 50 g Butter • 300 g Rinderhackfleisch, mager und grob gehackt • ⅛ l tro-

ckener Weißwein • 300 g geschälte Tomaten • etwas Gemüsebrühe • 1/8 l Vollmilch • Salz, Pfeffer • 1 Schuss Sahne zum Montieren (nach Belieben)

Sellerie, Zwiebeln, Möhre und Pancetta fein hacken. In einer Kasserolle im Fett anschwitzen. Anschließend das Hackfleisch hinzufügen. Unter ständigem Umrühren wenige Minuten bei hoher Temperatur anbraten, bis das Fleisch die Farbe ändert, dann den Wein zugießen und die Flüssigkeit komplett verdampfen lassen.

Nun Tomaten und Gemüsebrühe hinzufügen. Die Temperatur reduzieren und das Ragu zugedeckt etwa 2 Stunden köcheln lassen, dabei gelegentlich umrühren. Erst gegen Ende die Milch hinzufügen, um die Säure der Tomaten abzuschwächen. Salzen und pfeffern. Wer Hartweizennudeln verwendet, könnte einen Schuss Sahne hinzufügen. Traditionell werden aber frische Tagliatelle verwendet, und dann hat die Sahne nichts in der Sauce zu suchen.

Caponata alla siciliana
Sizilianische Gemüsemischung

Ein sehr typisches sizilianisches Gericht, das viele Varianten kennt, z. B. mit gehackten Mandeln statt der Rosinen und Pinienkerne, mit anderen Gemüsesorten (wobei der Stangensellerie eigentlich immer dabei ist), anderer Würzung oder gar unter Zugabe von Meeresfrüchten.

500 g Auberginen • Salz • 50 g Rosinen • 250 g Zwiebeln • 200 g reife Tomaten • 2 Stangen Sellerie • Olivenöl • 100 g schwarze Oliven (in Salzlake) • 50 g Kapern • 50 g Pinienkerne, leicht angeröstet • 1 Bund fein gehacktes frisches Basilikum • 1 kleiner Peperoni, entkernt und fein gehackt • 80 ml Weinessig • 1 Prise Zucker

Auberginen waschen, in Würfel schneiden und in ein großes Sieb legen. Kräftig salzen und so 1–2 Stunden die Flüssigkeit entziehen lassen. Die Rosinen in warmem Wasser einweichen.

Zwiebeln schälen und in Scheiben schneiden, Tomaten kurz blanchieren, häuten, entkernen und in Viertel schneiden. Selleriestangen in etwa ½ cm breite Stücke schneiden. Rosinen abtropfen lassen.

Die Auberginenwürfel gut trockentupfen. In einer großen Pfanne reichlich Olivenöl erhitzen und die Auberginenwürfel unter Wenden weich braten. Mit dem Schaumlöffel herausheben. Das überschüssige Öl auf Küchenpapier abtropfen lassen und die Würfel in eine Schüssel legen. In der Pfanne nun den Sellerie bissfest garen und zu den Auberginen legen. Die Zwiebeln in der Pfanne goldgelb braten. Danach die Tomatenviertel, Oliven, Kapern, Rosinen und Pinienkerne hinzufügen. Etwa 10 Minuten bei großer Hitze unter Wenden garen. Kurz vor dem Ende die Hälfte des Basilikums hinzufügen. Auberginen, Sellerie, Peperoni und Essig einrühren. Mit Salz und Zucker abschmecken und nochmal kurz aufkochen lassen. Den Sud etwas reduzieren lassen. Mit dem restlichen Basilikum bestreut warm oder kalt servieren.

Clam Chowder
Muschelsuppe

Chowder sind dicke Suppen in der US-amerikanischen Küche. Besonders bekannt sind die Clam Chowders mit Venusmuscheln (*clams*) und die Cod Chowders mit Kabeljau (*cod*), die beide sogar zu literarischen Ehren kamen. Das 15. Kapitel in Herman Melvilles *Moby-Dick* trägt im Original den Titel *Chowder* und thematisiert die beiden Chowder-Varianten („Clam or cod?“). Stangensellerie (seltener: Knollensellerie) gehört bei vielen Rezeptvarianten dazu. Am bekanntesten ist die helle Clam Chowder aus Neuengland (im Gegensatz zur rötlichen, tomatisierten Manhattan-Variante). Hier ein einfaches Rezept dafür.

1 EL Butter • 75 g Frühstücksspeck, fein gewürfelt • 1 Zwiebel, fein gehackt • 1 Knoblauchzehe, zerdrückt • 1 gehäufter EL Mehl • 600 ml Fisch- oder Hühnerfond (möglichst selbst zubereitet) • 50 ml trockener Weißwein • 250 g mehlig kochende Kartoffeln, in Würfeln • 100 g Staudensellerie, in dünnen Scheiben • 1,5 kg Venusmuscheln (falls nicht erhältlich, gehen zur Not auch Miesmuscheln) • 100 ml Sahne • 100 ml Milch • 1 Spritzer Zitronensaft • Salz, Pfeffer • je 1 Bund Petersilie und Dill, frisch gehackt • ungesalzene Cracker

Butter in einem Topf zerlassen, Speck, Zwiebeln und Knoblauch darin glasig braten. Mehl hinzufügen und unter Rühren kurz rösten. Den Fond und den Wein angießen. Kartoffelwürfel und Selleriescheiben dazugeben und die Suppe etwa 10 Minuten köcheln lassen, das Gemüse sollte noch nicht weich sein.

Die Muscheln schrubben, alle bereits geöffneten wegwerfen. Muscheln in die kochende Suppe einlegen und weitere 10 Minuten köcheln lassen. Dann Sahne und Milch einrühren. Mit Salz und Pfeffer abschmecken. Kräuter einrühren und die Suppe heiß mit den Crackern servieren.

Wer die Suppe lieber ohne die Muschelschalen reicht, kocht die Muscheln erst in einem separaten Topf, pult das Muschelfleisch aus den Schalen und gibt es in die fertige Suppe, die 20 Minuten geköchelt hat.

Asiatische Küche

Während der Sellerie in Vorderasien bzw. im Nahen Osten noch einigermaßen häufig in der Küche anzutreffen ist, nimmt der Gebrauch in östlicher Richtung ab. Es gibt einige wenige chinesische Rezepte mit Stangensellerie, am meisten Verwendung findet er jedoch in den einstigen französischen Kolonien, wo der französische Kücheneinfluss noch zu erkennen ist, z. B. in Vietnam.

Goi Cuon
Vietnamesische Glücksrollen

Die vietnamesischen Glücksrollen werden manchmal auch Sommerrollen genannt, in Anlehnung an die chinesischen Frühlingsrollen. Im Gegensatz zu diesen werden sie jedoch nicht frittiert und kalt gegessen.

50 g Blattspinat • 1 Zwiebel • 2 Stangen Sellerie • 100 g Wasserkastanien (Dose) • 1 Bund Koriandergrün • 1 cm frische Ingwerwurzel • 250 g Hähnchenfilet • 1 TL Pflanzenöl • 1 TL Sojasauce • 8 kleine Reisblätter

Spinat waschen und verlesen. Große Spinatblätter etwas zerteilen. Zwiebel schälen, Stangensellerie putzen und beides in dünne Scheiben schneiden. Wasserkastanien in Scheiben hobeln. Koriandergrün waschen, trockenschwenken und die Blätter abzupfen. Ingwer schälen und fein reiben.

Hähnchenfilet unter fließendem Wasser waschen, trockentupfen und in dünne Streifen schneiden, diese nochmals halbieren. Öl erhitzen und die Hähnchenstreifen darin 2 Minuten anbraten. Mit Ingwer und Sojasauce würzen. Zwiebel und Sellerie zugeben und 2 Minuten mitgaren.

Die Reisblätter einzeln in warmes Wasser tauchen und zwischen nassen Geschirrtüchern feucht halten. Auf jedes Reisblatt ein paar Spinatblätter legen und darauf zwei gehäufte Esslöffel der Hähnchenfüllung nebeneinander setzen. Die Reisblätter an den Querseiten über die Füllung schlagen und fest aufrollen.

Gan Bian Niu Rou Si
Gebratenes Rinderfilet

Aus Chinas Provinz Sichuan ein Rezept, in dem die knackige Frische des Stangenselleries würziges Fleisch harmonisch ergänzt. Nicht fehlen darf natürlich der Sichuan-Pfeffer, der mit schwarzem Pfeffer nicht zu vergleichen ist und dessen geringer Anteil an Amiden eine leichte Taubheit von Lippen und Zunge bewirkt.

500 g Rinderfilet • 3 Stangen Sellerie • 30 g Ingwer • 2 EL Pflanzenöl • Salz • 1 EL Reiswein • ½ EL scharfe Bohnenpaste • 1 Prise Zucker • 1 TL Essig • 2 EL Sesamöl • Sichuan-Pfeffer

Das Rinderfilet quer zur Faser in dünne Scheiben, dann in feine Streifen schneiden. Sellerie putzen, waschen, längs halbieren und in etwa 3 cm lange Stücke schneiden. Ingwer schälen und in feine Streifen schneiden.

Einen Wok erhitzen, Öl hineingießen und heiß werden lassen. Rindfleisch darin unter Rühren bei starker Hitze so lange braten, bis es nicht mehr zusammenklebt. Salz, Reiswein und Ingwer hinzufügen. Unter Rühren weitere 2 Minuten braten, bis die meiste Flüssigkeit verdampft ist. Bohnenpaste zugeben und noch 1 Minute weiterbraten. Sellerie und den Zucker hinzufügen und alles 1 letzte Minute braten.

Rindfleisch anrichten, mit Essig und Sesamöl beträufeln und Sichuan-Pfeffer darübermahlen.

Für die Küche des Nahen Ostens fand ich zufällig ein Rezept beim schon erwähnten hochgeschätzten Vincent Klink in dessen leider verblichenen Zeitschrift *Häuptling*

Eigener Herd. Er präsentiert in einer Ausgabe eine Handvoll jemenitische Rezepte, die hier noch weitgehend unbekannt sind. Das Folgende lebt in seiner Einfachheit von den gemörserten Gewürzen. Vincent Klink weist ausdrücklich darauf hin, dass eine Mühle kein gleichwertiger Ersatz ist, da die Gewürze in einer Mühle erhitzt werden und deren Aroma dadurch viel zu schnell verfliegt.

Muschakhal

Geröstetes Gemüse

4 Stangen Sellerie • 4 Zucchini • 8 Tomaten • 2 Schalotten • 1 Zwiebeln • 4 Knoblauchzehen • Olivenöl zum Braten

Gewürzmischnung:

2 TL Kreuzkümmelsamen • 2 Msp. Chilipulver • 2 TL Bockshornkleesamen • 2 Msp. geriebene Muskatnuss • 2 Msp. Caneel-Zimt • 1 Stückchen getrockneter Ingwer • 2 Msp. Korianderkörner • Pfeffer, Salz

Sellerie, Zucchini und Tomaten waschen, putzen und in 1 cm große Würfel schneiden. Schalotten, Zwiebeln und Knoblauch schälen und ebenfalls würfeln. Gewürze in einem Mörser zerstoßen.

Sellerie, Zucchini, Schalotten und Zwiebeln mit etwas Olivenöl in einer sehr heißen Pfanne anrösten. Knoblauch hinzufügen und mitbraten, bis das Gemüse leicht gebräunt ist. Die Tomaten und die Gewürzmischung unterrühren. Alles noch einmal gut durchkochen lassen, nach 2–3 Minuten ist das Gemüse fertig. Mit Salz und Pfeffer abschmecken.

GETRÄNKE

Einige wenige Alkoholika machen sich den Sellerie in der einen oder anderen Form zunutze. Am bekanntesten ist sicherlich der Cocktailklassiker **BLOODY MARY**, der aus Wodka und Tomatensaft sowie Eiswürfeln oder Crushed Ice besteht und mit Tabasco, Worcestersauce, Zitronensaft, Pfeffer und Salz – oft ist dies Selleriesalz – gewürzt wird. Als Garnierung gibt es häufig eine Selleriestange mit Blättern. Das Originalrezept von Fernand Petoit aus den 1920er Jahren sowie die von ihm später in den USA verschärfte Version (eben mit Tabasco oder alternativ Cayennepfeffer) enthalten noch nicht explizit Selleriesalz und Selleriestange, inzwischen hat sich beides aber weitgehend durchgesetzt.

Ungewöhnlicher ist wohl die Verwendung von Selleriescheiben in einer **BOWLE** (gefunden bei Udo Pini). Die gezuckerten Selleriescheiben werden dafür in Weinbrand eingelegt, später mit Rotwein und schließlich mit Sekt aufgegossen. Hört sich nach Schädelweh an. Dieses Rezept habe ich dann doch lieber nicht ausprobiert.

Es gibt auch ein paar Destillerien in Deutschland, Österreich und dem Elsass, die einen **SELLERIEBRAND** bzw. **-GEIST** anbieten. Da die Sellerieknolle kaum Zucker und wenig Stärke enthält, kann aus ihr im Rahmen eines Gärprozesses schlecht Alkohol entstehen. Sie wird deshalb in zerkleinerter Form in Neutralalkohol eingelegt. Das Aroma der Sellerieknolle geht dabei durch Quellen und Aufweichen des Gewebes in den Alkohol über, das nennt man Mazeration. Das so gewonnene Mazerat wird dann destilliert.

Neben dem bereits erwähnten Saft findet sich Sellerie in einigen alkoholfreien Getränken.

Aus den USA schwappen gerade die **SHRUBS** zu uns herüber, die auf alte englische Frucht-Essig-Getränke bzw. bis zu dem schon in der Antike zubereiteten Oxymel (oxy = sauer, meli = Honig) zurückgehen. Bei der Herstellung ist das Mengenverhältnis von Früchten, Essig und Zucker meist 1:1:1. Shrubs kann man auf zwei verschiedene Arten zubereiten: heiß oder kalt. Bei der heißen Methode werden erst die Früchte mit dem Essig verkocht und später der Zucker zugesetzt, bei der kalten Methode werden die Früchte ungekocht mit dem Zucker und Essig vermischt. Inzwischen gibt es auch einige Shrubs auf Gemüsebasis, u. a. mit Sellerie. Hier ein Rezept mit der kalten Methode:

Ein Pfund Stangensellerie inklusive der Blätter grob hacken, mit etwas Wasser im Mixer pürieren. Danach mit einem Pfund Zucker und einem halben Liter Apfelessig mischen und in einen verschließbaren Behälter abfüllen. Gut schütteln und kühl stellen. Während der Kühlzeit immer wieder schütteln. Nach ein bis zwei Tagen durch ein feines Sieb schütten. Für einen Sellerie-Shrub etwas von der Flüssigkeit ungefähr im Verhältnis 1:5 mit Mineralwasser auffüllen.

Nicole Klauß modifiziert in ihrem Buch *Die neue Trinkkultur* das oben genannte Mengenverhältnis zugunsten des Sellerie zu annähernd 2:1:1 (sie nimmt 500 g Stangensellerie, 220 g Zucker und 240 ml Apfelessig) und legt das Sieb auch noch mit Mulltuch aus. Nachdem sie den Stangensellerie mit etwa 100 ml Wasser im Mixer püriert hat, gießt sie die Masse durch das Mulltuch und fügt danach Zucker und Apfelessig hinzu. Wiederum gut schütteln, damit sich der Zucker auflöst. Dieser Sellerie-Shrub ist sofort trinkbar, wird allerdings nicht mit Mineralwasser verdünnt. Sie empfiehlt ihn zu *Ragù alla bolognese* (haben wir weiter vorne auch im Buch) und Pastrami-Sandwich.

Zu letzterem trinkt man regional in New York, Baltimore, Philadelphia und Südflorida gerne auch eine **SELLERIE„LIMONADE“**, das koschere Dr. Browns

Cel-Ray (Soda), welches andernorts eher schwer zu finden ist. Spitzname dieses Getränks: *Jewish champagne*. Es soll schärfer als Ingwer-Ale schmecken.

ZU GUTER LETZT …

Höhepunkt, i-Tüpfelchen oder einfach abgefahren neben der üblichen Küchenspur: Der österreichische Sternekoch Sebastian Frank vom Restaurant *Horváth* in Berlin beschäftigt sich gerne abseits der üblichen Luxusprodukte mit diversen Gemüsesorten, besonders auch mit dem Sellerie. Er hat viel experimentiert, was es an neuen Möglichkeiten der Verarbeitung geben könnte. Dabei ist u. a. der im Salzteig (Mehl, Wasser, Salz) gereifte Knollensellerie herausgekommen. In einer frühen Testphase lagerte er den so eingepackt im Ofen gebackenen und danach abgekühlten Sellerie vier Monate trocken unter regelmäßigem Wenden. Aus der dann zerteilten Knolle konnte er eine Art aromatische Selleriepaste herauslöffeln. Schließlich ließ er die Knolle in Salzteig ein ganzes Jahr auf die gleiche Weise reifen Das Ergebnis erinnert rein optisch an eine Trüffel, ist nun höchst aromatisch und wird von Sebastian Frank über seine anderen (Sellerie-)Kreationen gerieben. Wenn Sie also einmal ein wenig Zeit haben …

Das letzte Statement gebührt der Schriftstellerin Eva Gesine Baur, die einen der wichtigsten Vorzüge des ganzjährig preiswert erhältlichen Grundnahrungsmittels Sellerie so formuliert hat: „Wer vom Schreiben lebt, muss mit Altersarmut rechnen. Aber ich kann auch aus Karotten, Schalotten und Sellerie etwas Prächtiges kochen." Ich hoffe, die präsentierten Rezepte haben bewiesen, wie vielfältig, aber auch wie einfach die Sellerie-Küche sein kann.

LITERATUR

Baltheiser, Margareta: Gewürze aus unserem Garten. Ratschläge für die richtige Anwendung versehen mit Illustrationen nach alten Kupferstichen. Frankfurt am Main 1981.

Crowley, Chris E.: Celery Forever: Where America's Weirdest Soda Came From and How It's Stuck Around. http://www.seriouseats.com/2014/10/dr-browns-cel-ray-celery-soda-history.html

Dalby, Andrew: Food in the Ancient World from A to Z. London 2013.

Der große Larousse Gastronomique. Das Standardwerk für Küche, Kochkunst, Esskultur. München 2009.

Der SPIEGEL 42/1964: Strindberg-Tagebuch. Rosen und Sellerie.

Des Pedanios Dioskurides aus Anazarbos Arzneimittellehre in fünf Büchern, übersetzt von Julius Berendes, Stuttgart 1902.

Fischer, Margot: Bayou. Kochen in Louisiana. Wien, zweite erweiterte Auflage 2005.

Grote, Paul: Bitterer Chianti. Kriminalroman. München, überarbeitete Neuausgabe 2014.

Haerkötter, Gerd und Marlene: Kochen – Heilen – Zauberei Band 8. Rund um Petersilie und Sellerie. Frankfurt am Main 1987.

Häuptling Eigener Herd Heft 35 – Auf die Hand. Stuttgart 2008.

Haslinger, Ingrid: Dampf stieg aus dem Topf hervor. Eine Kulturgeschichte der Suppen aus aller Welt. Wien 2010.

Haßkerl, Heide: Der Sellerie. In: Schrot und Korn 3/2000. http://www.schrotundkorn.de/ernaehrung/lesen/sk0003e7.html

Heydarian, Dinah: Wundergaben der Natur. Sellerie. Heil- & Kochrezepte. Wien 1999.

Hildegard von Bingen: Heilkraft der Natur – Physica. Rezepte und Ratschläge für ein gesundes Leben. Freiburg im Breisgau 1999.

Klauß, Nicole: Die neue Trinkkultur. Speisen perfekt begleiten ohne Alkohol. Frankfurt am Main 2017.

Klink, Vincent: VOLL ins Gemüse mit Vincent Klink. 120 essentielle Rezepte und 40 Storys. Reinbek bei Hamburg 2015.

Madaus, Gerhard: Lehrbuch der biologischen Heilmittel. Band I. Mit einem Vorwort von Dr. Rolf Madaus. Hildesheim/New York 1979.

Melville, Herman: Moby-Dick, or The Whale. New York 2003.

Pfeifer, Wolfgang: Etymologisches Wörterbuch des Deutschen. München 1997.
Pini, Udo: Das Gourmet Handbuch. Potsdam 2005/2007.
Schunk, Dr. Rainer: Alles über Gewürze. Geschichte, Herkunft, Botanik, Anbau, Ernte, Aufbewahrung, Riechen Schmecken, Inhaltsstoffe, Verwendung, gesundheitlicher, medizinischer Wert mit großem Gewürz-Kochbuch (250 Rezepte). Abtswind 1980.
Segnit, Niki: Der Geschmacks-Thesaurus. Rezepte, Ideen und Kombinationen für die kreative Küche. München 2015.
Severson, Kim: The Modern American Shrub. In: The New York Times, 19.5.2015.
Stobart, Tom: Lexikon der Gewürze. Kräuter und Würzmittel. Bonn, 4. Auflage 1983.
Strabo, Walahfrid: De cultura hortorum/Über den Gartenbau. Lateinisch/Deutsch. Hg. und übersetzt von Otto Schönberger. Ditzingen 2015.
Vázquez Montalbán, Manuel: Die Leidenschaft des Schnüfflers. Kochen mit Carvalho. Reinbek bei Hamburg 1992.
Wachter, Denise Snieguole: Spaghetti Bolognese gibt's eigentlich gar nicht. In: stern online 18.4.2017.
Winter, Frank: Schottisch kochen. Gerichte und ihre Geschichte. Göttingen 2014.
ZEITMAGAZIN 24/2017, „Das war meine Rettung" – Eva Gesine Baur im Gespräch mit Louis Lewitan, Hamburg 2017.

DER AUTOR

Roland Tauber 1968 in Münster geboren, Verleger des Oktober Verlags, ersinnt und -probt Kochrezepte unter anderem für die Krimi-Reihe »Mord und Nachschlag«.

REZEPTVERZEICHNIS

AVOCADO Kathrin Konrad
ISBN 978-3-85476-531-8

ARTISCHOCKE Bruno Ciccaglione
ISBN 978-3-85476-515-8

BIRNE Sonja Schnögl
ISBN 978-3-85476-513-4

HOLUNDER Margot Fischer
ISBN 978-3-85476-503-5

MANDEL
Margot Fischer,
Michael Baiculescu
ISBN 978-3-85476-539-4

MARONE | ESSKASTANIE
Michael Baiculescu
ISBN 978-3-85476-477-9

MOHN Rita Henss
ISBN 978-3-85476-504-2

MORCHEL
Simon Drabosenig,
Günter Mischkulnig
ISBN 978-3-85476-532-5

PASTINAK Margot Fischer
ISBN 978-3-85476-516-5

QUITTE Inge Fasan
ISBN 978-3-85476-476-2

ROTE RÜBE | ROTE BETE
Margot Fischer
ISBN 978-3-85476-478-6

SAFRAN Rita Henss
ISBN 978-3-85476-541-7

SELLERIE Roland Tauber
ISBN 978-3-85476-540-0

SPARGEL Ingrid Haslinger
ISBN 978-3-85476-505-9

STEINPILZ Inge Fasan
ISBN 978-3-85476-538-7

ZIMT Rita Henss
ISBN 978-3-85476-514-1

mandelbaums *kleine gourmandisen*
jeweils 60 Seiten | Euro 12,– | Gebunden